培根论人生

[英] 培根（著）
张毅（译）

世纪文库
Century Literature

世纪出版集团 上海人民出版社

上海世纪文睿文化传播公司 出品

目录

论真理/001

论死亡/004

论报复/007

论逆境/009

论伪装与掩饰/011

论父母和子女/015

论婚姻与独身/017

论嫉妒/020

论爱情/026

论高官/029

论胆大/033

论善与性善/036

论贵族/040

论叛乱与动乱/042

论无神论/050

论迷信/054

论游历/057

论王权/060

论迟误/066

论狡猾/068

论自我打算/073

论革新/075

论利落/077

论假聪明/079

论友情/081

论开支/089

论国家强盛的实质/091

论养生/101

论猜疑/104

论谈吐/106

论财富/109

论预言/114

论野心/118

论人的天性/121

论习惯与教育/124

论幸运/127

论青年与老年/130

论美/133

论残疾/135

论建筑/137

论谈判/139

论随从与友人/141

论托情人/143

论学习/146

论礼仪与客套/148

论称赞/150

论虚荣/153

论荣誉与名望/156

论司法/159

论怒气/164

追寻有意义的人生
——再版译序

谈论人生的资历，人皆有之。近读大学者季羡林谈论人生，忽闻大师感叹他并不清楚"什么叫人生"，颇具悬念。老人家名扬遐迩，厚积九旬春秋人生，通达王朝、共和及革命的世故，兼蓄古今中外的学问，出此惊人之语的玄机何在？

幸而，慷慨的大师分享了他的肺腑之言：人生的意义和价值究竟是什么？这个困扰着众人的问题，也毫不例外地困扰着大师。人生本来就充满了奥妙：我们来到这个世界，并不是自己选择的；离开的方式，如果不考虑自暴自弃的话，也无法挑三拣四。但我们每个人，生就具备自己独特的体型、肤色、发质以及眼睛的颜色，加之天赋的差异，以及后天个人际遇的不同，究竟为何而活？这个在大师眼中本来易如反掌的话题，突然复杂起来。

有关人生的话题，牵动着太多人的心。在网上社区论坛中，每一个角落，都充满了各种人生感言的热烈交流。美国有人专门以"人生的意义"为题，联络全球顶尖的作家和思想家，包括科学家、艺术家，汇集他们的观点成册，其中有许多被视为成功楷模的大专家的真诚分享，坦言他们对意义之说颇感茫然，也同样渴望得到获取答案的帮助。

显然,当我们把关注点放在自己身上的时候,注定无法找到人生的意义和目的。特别是当我们中有许多人认定生命是纯物质性的,自然也就更难跳出窠臼,看到自己存在的意义。好多年前,著名的无神论大哲学家罗素就曾经感叹过:"除非你假定有神,否则,追问人生的目的是毫无意义的"。尽管如此,大师们自己普遍都认定,虽然我们的人生是被动的,好像也活得糊里糊涂的,但却不能自流放任,相反,我们应该认真生活,并且问一问自己:为什么活着? 如何活着才有意义? 这样反思,可能有助于头脑清醒一点,糊涂减少一些。

人生本是一台戏,大戏大演,小戏小演。麦克阿瑟在带领盟军战胜日本之后,叮嘱自己儿子一个基本的道理:"伟大不一定要轰轰烈烈。"人生的舞台有大有小,可遇不可求;然则,人生的精彩不在舞台的大小,而在追求的认真和执著。

这种追求,体现在人生的实践和对人生的认识的组合上。循此标准,大概可以把人生的形态分为如下的四类:第一种,人活着,扮演多重角色,也清楚自己的本色;并且,通过不断的省察,发现自己的禀赋,认识自己的际遇和环境资源,一路总结自己的过去,学习别人的经验,充分开创最大可能的机会,挖掘个人的完整的价值。认识自己人生的目标,不辱使命;不但自己活得充实:辨清方向、获取力量,而且,享受人生,也祝福他人的人生。这样,人可以学习建设与环境的关系、人际的关系,完成自己身心的和谐,以及更重要的,认识生命的主。

第二种人生,活着就是扮演角色,根本不知道自己的本色,也不屑于去认识自己的本色;有舞台才有人生,舞台不在,人生莫须有。

第三种人生,固守自以为是的本色,拒绝对角色的意义予以探讨,认为角色之事不值得认真,躲进小楼成一统,拒绝任何新的尝试,直至退隐。

第四种,也是最不值一提的一种:活着就是蝇营狗苟,坐下吃喝、起来玩耍,今朝有酒今朝醉,大脑不省察、四体不努力、心性不求索,得过且过,郁达夫所谓的"蟑螂"的一群,即指此类人生。对其而言,探讨人生的价值和意义,不过是没事找事的无聊。

培根的书,肯定是有益于前三种实践者,特别是第一种人的。对于第四种而言，当然不抱奢望。

由此，回望过去一段时月的悲喜，承蒙家人和众友的恩待，领受了诸般的爱和情义，也感触了周围萦绕的困惑，更加渴望重温和缅思培根的感怀人生。于是遵邵敏兄瞩，在原英汉对照全译本之外，为求精炼，再刊行此单行本，以试图与更多的读者同仁互勉。

本单行本作了全面修订，且作了小部分删节。删节的部分内容，纯粹是基于这样一个考虑，因年代久远以及文化背景跨度太大，原著中有一些话题已与今天的中国读者的生活实际关联不大。具体删节的内容如下，计有八个全篇：《论宗教统一》、《论参议》、《论殖民地》、《论假面剧和竞技》、《论放债》、《论花园》、《论党派》和《论世道沧桑》。另有《论建筑》之后半篇。

是为序。

张毅　谨识

2011 年农历新年于奇力湾

论真理

　　"真理是什么呢?"彼拉多曾这样嘲问道①,而且,他并不指望为此得到任何答案。无疑,世上总是有人爱胡思乱想,认为持守一种信念是一种枷锁,转而追求思想和行动上的自由意志。虽然,此类学派的哲学家早已作古,但如今残存的一批夸夸其谈的文人墨客,与此类祖师爷同声同气,只不过没有其先辈那样有活力了而已。

　　世人爱虚假,不是因为真理难以找到,也不是因为掌握了真理就会使人的思想受到约束,而是出于人的一种堕落的迷恋虚假的天性。对此问题,希腊晚期哲学学派中有人曾作过研究,但还是对人为何热衷于为虚假而虚假而困惑不解。说起来,虚假既不能像诗人爱诗那样从中享受乐趣,也不能像商人经商那样从中获取利益。但我不敢断定,此一真理就像无所遮掩的日光,令一切在烛光下颇显庄重、优雅的装饰,表演和庆典,在辉照之下便相形失色。也许,真理可以比作是珍珠,日光之下方显夺目;但真理却不能与钻石或红玉相提并论,它们在五光十色中才最璀璨。寓伪于真的虚虚实实总是令人格外愉悦。

　　人心中那些自以为是的妄想、希望、误解和幻觉等等,一旦被清除了出去,许多人的内心世界,将会成为可怜、萎缩的东西,充满忧郁和疾病,连自己都会厌恶。对此论断难道还会有人怀疑吗?天主教会的一位神父曾经十分严厉地称诗歌是"魔鬼的酒",因为诗歌占据了人的想象,其实,诗不过是一个虚假的映像而已。然而正如上文所述,害人的不在于那些闪念而过的虚假,而在于那些根深蒂固地盘踞在人心中的虚假。然而,无论这些事情在世人败坏的观念和情感中情况如何,真理只有靠真理去评判,它是人性中至高无上的美德,教导人们探索真理,认识真理和相信真理。探索真理就要对它有追求和热爱,认识真理就要和它形影不离,相信真理就要为它有享受的乐趣。

上帝在创造万物时,首先创造了感官之光,最后创造了理智之光,此后至今,上帝在安息了创造之后的工作,即是她圣灵的光照②。她先叫混沌而黑暗的虚空中有光,其后在人的脸面上吹上灵光,并且还在她的选民的脸面上唤醒那灵光。③

有一哲学派别虽处处不如人,却涌现一位令其生色增辉的诗人,他说过一句极精辟的话:"站在岸上静观船舶颠簸于海上是一件快事,站在城堡上的窗前俯视下面的厮杀和险恶也是一件快事,但站在真理的巅峰上"(即高出众山且空气永远是清新而安静的山顶),"目睹山下谷中各式各样的谬误、彷徨、雾障和风雨,那才是无与伦比的赏心悦目。"在此一境界上,人肯定总能饱怀恻隐之心,不骄不傲。毋庸置疑,人心若以仁爱为动机,以天意为依归,以真理为中心而运转的话,人间亦如天堂。

从神学和哲学上的真理过渡到世俗中的实在,连那些生活上背道而驰的人也承认,光明正大乃是人性之荣美,虚伪的掺杂就好像是在金银币里融进合金,虽然用起来方便,但却降低了其成色。因为这些迂回曲折的方法乃是蛇行的方法，不是用脚，而是用腹部来走路的。

作弊和欺诈而被揭发出来，乃是最令人蒙受羞耻的事，所以，蒙田④在研究弄虚作假何以令人感到如此可耻和可恨时，解释得极妙："仔细研究的话便可见到，人在撒谎时无异于是怕人而不怕神；原来撒谎是冲着神而背信人的。"故虚伪和背信弃义，将是促请上帝对人类施行最后审判的钟声，其邪恶之处都是有言而不能尽的。有预言说当基督再来时，"他将在世上遇不到信德。"⑤

---

① 此永载史册的问话，记在《新约·约翰福音》第 18 章第 38 节。因耶稣基督证道，激起腐败的犹太宗教领袖的嫉恨，被强加死罪。当时，古以色列之南国犹大国亡国后多年，罗马帝国派驻那里任巡抚的彼拉多（P. Pilate），作为该区最高长官，本来认为此事为犹太宗教的内部纷争，不欲介入，无奈在犹太宗教领袖的强烈要求下，迫于政治压力勉强接手受理此案，期望耶稣自辩后大事化小，不料耶稣不但不辩，反而重申要为真理作见证，故惹来他的嘲笑。两千年来，彼拉多此话，对于怀疑真理的人的影响，一样是刻骨铭心的。

② 《旧约·创世记》第 2 章第 2 节上记："上帝造物的工已经完毕，就在第七日歇了他一切的工，安息了。"犹太教和基督教历来都相信神所停止的工是创造的工，但始终都按着自己的美意爱护、看顾着所有所创造之物。《新约·约翰福音》第 5 章第 17 节上记载耶稣说"我父作事直到如今"，即是此意。

③ 语出《旧约·创世记》第 1 章第 3 节："上帝说：'要有光。'就有了光。"第 2 章第 7 节："上帝用地上的尘土造人，将生气吹在他鼻孔里，他就成了有灵的活人，名叫亚当。"第 22 章第 17 至 18 节上记上帝对亚伯拉罕说"论福，我必赐大福给你，……并且地上万国都因你的后裔得福，因为你听从了我的话"。此处所谓的"选民"，旧约时代特指亚伯拉罕嫡出的后裔，即犹太十二支派。其实，因耶稣基督的降生，一切信靠上帝的人都可称为"选民"。

④ 蒙田（Michel de Mountaigny, 1533—1592），法国著名文学家。

⑤ 语出《新约·路加福音》第 18 章第 8 节白版，现汉译全句为："然而人子来的时候，遇得见世上有信德吗？"耶稣说此话，是指人们对上帝施行最后审判的信心的缺乏。不信上帝之公义，人便在黑暗中为所欲为或自哀自怜。

论死亡

　　大人怕死就像小孩怕黑一样。而且，神神鬼鬼的故事不仅会令小孩的这种与生俱来的恐惧加剧，对大人也不例外。毫无疑问，以死为"罪的工价"[①]，并以死为通往彼岸世界的观念，是神圣和富有宗教味的。但是，把死当作献给自然的祭品而怕死的意识，却是孱弱的。

　　不过，宗教的默想中有时未免掺杂了虚无和迷信的成分。在一些天主教修道士关于禁欲的灵修书籍中，你能读到这样一种观点，叫人思考当其指尖被压或折磨时其痛苦如何，再思考死亡时当人全身腐烂和溃灭时，其痛苦又如何。其实，死常常并没有手指受刑那样痛苦，因为于人生死攸关之重要器官并非感触上最敏觉的器官。有一位未受宗教启蒙的哲学家说过一句精辟的话："伴随死亡而来的东西比死亡本身还要可怕。"呻吟、痉挛、面色发青、亲友哀恸、丧服、葬礼等等，都会令死亡显得恐怖。

　　值得注意的是，人内心的任何一种情感，都不会脆弱得不能克服或控制对死亡的恐惧，而既然人有众多战胜死亡的随从，死亡也就算不上是可怕的敌人了。对于死亡，复仇之心胜过了它，恋爱之心不在乎它，荣誉之心渴望着它，悲愤之心追求它，就连恐惧之心也预备着等候它。

　　不仅如此，我们都知道奥托大帝②自杀之后，他的许多臣仆出于对他的忠诚和同情(一种最脆弱的情感)而陪赴黄泉。另外，塞内加③还补充了个不怕死的原因：苛求和厌倦。"想想你做着同样的事有多久了！别说胆大的和伤心的人想死，就是烦透的人也想死了。"这是说，一个即使谈不上有勇气，也谈不上穷困至极的人，一旦他重复地做着同样的事以至厌倦的话，也宁肯去死。

　　同样值得注意的是，对那些英雄豪杰来说，他们视死如归，面不改色，好像直到生命的最后一刻都是旁若无事一般，奥古斯都·凯撒④在弥留之际还向妻子致意说："永别了，丽维亚⑤，我走后别忘了我们的婚后时光。"提比略⑥死时仍然在装腔作势，如塔西佗⑦所说："提比略体力极速衰残，但装假的天才却不见弱。"韦斯巴芗⑧坐在椅子上死去时还在说笑："我想我要成仙了。"加尔巴⑨一边伸着脖子，一边说："来砍罢，如果这样有益于罗马人民的话。"塞提米尔斯·塞维鲁⑩催省说："快来啊，如果还有什么要我做的事的话。"如此等等，真是不胜枚举。

　　毋庸置疑，斯多葛学派⑪的人把死亡的代价看得太重，并且，由于他们对死亡所做的预备的工夫太过隆重，从而使死亡显得更加可怕。有人说得更绝："生命的终结乃是天赋的恩典之一。"死和生是一样的自然而然。或许对一个婴儿来说，出生是和死亡一样的痛苦。人在热切的追求中死亡，就像一个人在热血沸腾时受伤一样，当时是不觉伤痛的。所以，当人下定决心，执意向善时，便感觉不到死亡的可怕。但至关紧要地，相信是当一个人获得了有意义的结果和期待时才会唱出这样最甜美的歌："主啊！如今可以照你的话，释放仆人安然去世。"⑫同样地，死亡还能打开荣誉之门，摒除嫉妒，这样，"活着受人嫉妒的人身后受人爱戴。"

---

① 语出《新约·罗马书》第 6 章第 23 节上"因为罪的工价乃是死"。意为犯罪使人偏离了真正的生命之路。
② 奥托大帝 (Marcus S. Otto)，公元 69 年罗马皇帝。
③ 塞内加 (Seneca，公元前 4—公元 65)，古罗马哲学、政治家和剧作家。
④ 奥古斯都 (Augustus Caesar，公元前 63—公元 14) 罗马帝国开国皇帝 (公元前 31—公元 14)。
⑤ 丽维亚 (Livia)，奥古斯都之后。
⑥ 提比略 (Tiberius，公元前 42—公元 37)，公元 14 年继其岳父奥古斯都位为皇帝，直至公元 37 年。
⑦ 塔西佗 (Tacitus，公元 55—120)，古罗马元老院议员，史学家。遗世名著有《历史》和《编年史》。
⑧ 韦斯巴芗 (Vespasian，公元 9—79)，公元 69 — 79 年继位罗马皇帝。
⑨ 加尔巴 (Galba，公元前 3—公元 69)，公元 68 年于尼禄皇帝自杀后继位罗马皇帝，7 个月后被其近卫军所杀。
⑩ 塞维鲁 (Septimius Severus，公元 146—211) 于公元 193—211 年任罗马皇帝，病故于征战中。
⑪ 斯多葛学派 (Stoics)，公元前 4 世纪希腊禁欲主义学派。
⑫ 语出《新约·路加福音》第 2 章第 29 节所记虔诚人西面的口中，他得了圣灵的启示后，终于在圣殿中见到并怀抱了降世仅 8 日的耶稣。

论报复

报复是一种撒野的公道，人性越倾向于此，法律就越应将此予以清除。因为当一件罪行首先发生时，它不过是触犯了法律，但对此罪行实施报复，则是僭越了法律。

其实，人用报复的方法，他不过是把自己贬成和他的敌人一样坏罢了。而用原谅则使他高出一筹，因为宽恕敌人乃是君子之风范。相信所罗门有云："宽恕人的过失便是自己的荣耀。[①]"旧事已过，而且不可挽回，明智的人不会再为过去的事情枉费心力，因为现在和将来面临的事情已经够他忙的了。

谁也不会为作恶而作恶，作恶无非是为了使自己得到利益、乐趣或荣誉等等。故此，若有人爱自己胜过爱我，我为何要对他生气呢？即使有人作恶是因为生性邪恶，那不过是像荆棘而已。荆棘刺人和伤人，是因为它们除此之外，别无他事可为。

有的罪行尚无法律可以追究，人故此而采取报复，乃是最值得宽容的。不过应小心的是，这种报复的进行，须在不会有法律对此予以处罚的前提下才行。否则，即是用加诸自己的两重麻烦，来换取敌人的一重麻烦，结果还是令敌人占了上风。

有些人在报复时，有意让对方知道报复的缘由，这是挺慷慨大度的。因为痛快的事不在于怎么加害对方，而在于使对方悔过。但卑劣狡猾的懦夫的报复，则有如暗中飞来的箭。

佛罗伦萨大公科西莫②，曾有一句针对忘恩负义的朋友的名言，好像是说这类劣行最不可饶恕似的，他说："你可以读到有诚命让我们饶恕敌人，但你永远读不到有诚命让我们饶恕朋友。"③但是约伯的精神境界要好一些，他说："难道我们从上帝手里得福，不也受祸吗？"④以此例类推在朋友身上，亦复如是。

的确，人若念念不忘报复，就会使其本来可以康复的伤口永远无法愈合。对公仇的报复，比如为凯撒⑤、佩尔提纳⑥、法兰西国王亨利三世⑦之死以及更多类似事件而进行的报复，多数都是成功的。但对私仇的报复却不是这样。不仅如此，更甚的是，怀恨在心以至不复仇就不罢休的人，其生活有如巫婆一般，活的无益，死的凄惨。

---

① 所罗门（Soloman，公元前 1015—前 997），以色列古国第三代君王，蒙上帝祝福，以贤明豪逸见著于史，《旧约》中多篇智慧之作都被史家认为出于其手笔。故所罗门早已变成智慧的代名词。其在位时于耶路撒冷主建了史上最宏伟的圣殿。此处格言语出《旧约·箴言》第 19 章第 11 节。

② 科西莫（Cosmus，1519—1574），意大利贵族，颇有学术造诣。

③《旧约·利未记》第 19 章第 18 节上记有上帝的诚命"要爱人如己"。至耶稣时代，犹太人已擅自将此诚命发展为："当爱你的邻舍，恨你的仇敌。"故此，耶稣重申："要爱你们的仇敌，……要完全，像你们的天父完全一样。"见《新约·马太福音》第 5 章第 43—48 节。其实，上述利未记的章节上清楚记着上帝的诚命说"不可报仇"。

④ 约伯（Job），《旧约·约伯记》上所记的敬虔人，深蒙上帝所赐恩福，故惹起撒旦的嫉妒，设奸计降祸残害约伯，令其家破人亡，体无完肤，但他持守正直，最终更蒙上帝加倍的祝福。此卷书早已成为关于苦难的哲学经典。此处所引，出于该书第 2 章第 10 节，当时约伯刚遭受灭顶打击，其妻抱怨"你仍然持守你的纯正吗？你弃掉上帝，死了吧！"故约伯还以责备和纠正。

⑤ 凯撒（Julius Caesar，公元前 100—前 44），公元前 49 年成为罗马皇帝，公元前 44 年被杀。后由其侄复仇，成功后，其侄即位为罗马皇帝，此即奥古斯都·凯撒。

⑥ 佩尔提纳（Pertinax），第二世纪中的罗马皇帝，即位仅三个月被杀，其后的皇帝塞维鲁为其复仇。

⑦ 亨利三世（Henry III，1551—1589），于 1574 年即位为法国国王，于 1589 年被弑。

论逆境

塞内加曾照搬斯多葛派哲学的语气,讲过这样一句名言:"顺境中的好处固然是人所期盼的,但逆境中的好处则是人所赞叹的。"的确,如果奇迹有支配自然的力量,奇迹则大多出现在逆境中。他还说过一句更高深的话(这话出自一个异教徒之口,真是太高深了):"一个人兼有凡人之软弱和圣神之镇定,才是真正的伟大。"用诗来表述此话应该更美妙一些,而超然的东西更为诗所容。诗人们也的确一直乐此不疲,因为它实际上就是古代诗人之奇谈中所表现的事物,似乎不无神秘,而且,还有些接近基督徒的情况。古诗人所描写的赫拉克勒斯①坐在一个瓦罐或瓦盆里渡过大海,去解救象征着人性的普罗米修斯②的事,也生动地写照出基督徒以血肉之躯为舟,渡过世间惊涛骇浪的志气。

但用一句平常话来说,顺境的美德在于节制,逆境的美德在于坚韧。就伦理层次上言,坚韧是更伟大的美德。顺境是《旧约》的祝福,逆境是《新约》的祝福③。而且,逆境承载着更大的祝福,更明晰地昭示上帝之恩惠。即使在《旧约》中,一听大卫的竖琴④,就能听到与欢歌同样多的哀歌;圣灵之笔在描述约伯⑤之苦难上比描述所罗门⑥之福祉着墨更多。顺境并非没有多种恐惧和烦恼,逆境也并非没有多种安慰和盼望。在做针线活和刺绣的工作中,我们看见,把亮丽的图案放在阴沉的衬底上,要比把一个暗郁的图案放在明亮的衬底上,令人悦目得多。因此,由眼目之得此愉悦,可推理出心灵之得愉悦之理。人的美德的确犹如珍贵的香料,经熏烧或碾榨才更香;同样,顺境最易显出恶习,而逆境最易显出美德。

---

① 赫拉克勒斯(Heraculus),罗马和希腊神话中的大力神。
② 普罗米修斯(Prometheus),古希腊神话中因盗取天火予人的英雄,触犯主神宙斯,被罚锁于高加索,为神鹰所折磨,幸被赫拉克勒斯所救。
③ 《旧约》和《新约》是《圣经》的前后两部分,前者有39卷,后者有27卷。此"约"即契约之意,特指上帝所立之约,即上帝以赐给人律法,做人类灵性上的引导和蒙福之途。此特殊之约,人不可更改,只有接受或拒绝之选择。耶稣降世前,并无旧约或新约之分。那时,《旧约》为犹太人信奉的圣经,其中的主题,叙述上帝与人的相交,一是透过律法的设立,二是见之于对弥赛亚的期待,人从其所蒙受的福是具体而可见的。耶稣降世,为人类带来了新约,表明上帝与人类相通的新基础,乃是基于他的死而奠立的,使人借此而见到真正的生命之道,在其中,律法不再是外表的,而是内在的,而人所蒙受的福是生命的自由。这是属灵的,也是真正属永生的。奥古斯丁说:"新约寓于旧约,旧约显于新约。"培根此处所言是那个时代非犹太人对《圣经》的曲解,有牵强附会之嫌疑。他大概是想说:"顺境是外在的祝福,逆境是内在的祝福。"
④ 此指《旧约·诗篇》,原作有许多出自大卫王赞美、悔罪和祈祷的诗词的作品,由优伶用琴伴奏诵唱。
⑤ 见本书《论报复》篇注④。
⑥ 见本书《论报复》篇注①。

论伪装与掩饰

掩饰不过是一种懦弱的计策或智谋。因为,要把握说真话和做实事的时机,就得头脑敏锐,心志刚强。所以,政治家中的弱势者,才是善于装腔作势者。

塔西佗说:"丽维亚兼备其丈夫的谋略和儿子的城府。"认为谋略或用计是奥古斯都的特长,城府则是提比略的特长。另有一处,当穆森纳斯①鼓励韦斯巴芗举兵攻打韦泰留斯②的时候,他说:"我们不是冲着奥古斯都的洞察力而去的,也不是冲着提比略的审慎或富有城府而去的。"谋略也好,有城府也好,无非都是应当分辨的不同的习惯和才智。因为,如果一个人明察到了可以辨别何事该公开,何事该隐蔽,何事该半掩半露,以及对象是谁,时机为何(这些都正是塔西佗所谓的治国与处世之道),那么,对他而言,掩饰的习惯就是一种障碍和一种缺陷了。

但是,如果一个人不具备那种明察力,那他就常常陷于不得不有所隐蔽且装模作样的地步。因为,当一个人身处无从选择,或者甚至是无可变更的处境时,最好应采取最安全及最谨慎的方法,如同视力不济者行路时轻手轻脚一样。

当然,从来都是英雄豪杰做事坦荡明朗,富有信实无欺的名誉。另一方面，他们就像驾御得道的骏马一样，因为他们极熟练于何时停或何时转；并且，即使当他们认为有事非得有掩饰不可时，他们出此一招，也不会为人所觉。因为他们的处事作风开明，早已名扬遐迩，他们的这种做法也就不显山露水了。

自我掩饰的方法有上、中、下三策。上策是不动声色、缄默和保密，即不让人有机会看穿或推测出他的为人。中策是掩饰，是一种后发的做法，即设置一些迹象和证明，叫别人认不出他的为人。下策是伪装，是一种先发的做法，即有意并且很外在地把自己装扮成他所不是的那种人。

说起上策——保密，它实在是听忏悔的神甫的美德。保密者一定能听到许多的忏悔，因为谁愿向告密者或泄密者坦言自己的事呢？但若一个人被视为保密者，就会招来别人的倾诉，如同室内热空气会吸收室外冷空气一样。而且这种倾诉就是和忏悔一样，非为物质之功用，乃是在于求得人心的舒畅，保密者因而得知许多的事。简而言之，保密者，总能赢得有心事的人的信任。此外，说实话，赤裸裸地袒露心事，一如裸露身体一样，均是不雅观的。含蓄的仪态与举止更加为人所重。至于那些口无遮拦的长舌之徒，他们多数既自负又轻信，因为，一个对自己所知之事喋喋不休的人，也会对自己所不知之事大讲特讲的。故此，可说保密的习惯既是处世之道，也是修身之术。而且，表述时最好用口舌而不是用表情。因为，一个人的表情的流露让人一望即知其人，乃是一个出卖自己的致命弱点，其受人注目和为人所信之程度，远远超过一个人言语所表述的。

关于中策，也就是掩饰，它常常须随保密而来。所以，欲保密的人，某种程度上又必须做一个掩饰者。因为，周围的人都很精明,绝不能容忍有人不露声色,成为一个表面上不偏不倚、而实际上保密的人。他们会对这样的人,以各种问题旁敲侧击,引诱他、探他,除非他硬是一概不理,否则他就不免在某种观点上表露其倾向。即使他自己坚持不开金口,他们也能透过其沉默品出一些味来,就像套出他说出来的东西一样。而那些含糊其辞或模棱两可的话是不可能长期守住的。因此,除非人为自己留一点掩饰的余地,否则是不能保密的,可以说,这只不过是保密的外衣或配饰而已。

但是关于下策,即伪装和假话,我不但视之为十分不当,更视之为一种恶行,除非它是用于重大而特殊之事。因此,习以为常的伪装(即此之下策)乃是一种恶癖,源于一种天生的虚伪或胆怯,或者就是因为心中有鬼。这是因为,当有人不得不靠装模作样而去做人时,他会在其他事上也装假的,否则就束手无策了。

伪装和掩饰有三项好处。第一是麻痹反对者,出其不意。因为当一个人的意图示之于人时,就像一声警报唤醒所有敌对的势力。第二是为自己留一条好的退路,因为当一个人公开自己的承诺,就束缚了自己,要么一干到底,要么被人打倒。第三是易于发现他人的心思,因为对一个自我暴露的人来说,周围的人不会公开表示反对意见的,而情愿任其发展。这些人本来可以发表意见的,如今却只是想想而已。因此,"说一句谎言就会套出一句实话"这句西班牙人的谚语真是太精辟了,好像除了伪装之外,别无发现实情的他途。

公平而论,伪装和掩饰亦有三项害处。第一,伪装与掩饰总是心里发毛的标志,这就使做事不能直接针对目标。第二,它使许多本来或可合作的人为之心陷迷惘和困惑,以致令其自己成为孤家寡人。第三种害处,即最大的害处,就在于它使人失去了待人接物上的最主要的器具:信任和信用。

最完善的素养和品性是:拥有坦率之名声,保密之习惯,掩饰之善用,并且,在迫不得已时,还拥有一种伪装的能力。

---

① 穆森纳斯(Mucianus),一世纪时的罗马帝国著名将领,文武双全。
② 韦泰留斯(Vitellius,公元 15—68)68 年即位罗马皇帝,昏庸无道,同年为韦斯巴芗所败。

论父母和子女

为人父母的欢乐是秘而不宣的，其愁烦和忧虑也是如此。欢乐处说不尽，忧愁处说不出。

子女使劳苦变得甘甜，但也使不幸变得更苦。他们使父母增加了对人生的牵挂，但也减轻了对死亡的忧虑。

虽然动物无不传宗接代，延续有继，但唯有人类才有青史留名和建功立业。确实可见的是，许多没有子女的人成就了许多了不起的丰功伟绩，他们在其肉体之影像无以再现出来时，便努力把他们心思意念上的影像表现出来。故此，那些没有后代的人最关心后代。成家早于立业的人，对其子女尤为溺爱，他们视子女不但为其族类的后继者，也为其事业的后继者；因此，他们既对子女溺爱，对工作也就放任自流了。

父母亲，特别是母亲，对于不同的子女常有不一致的偏爱，有时甚至到了不近情理的地步。如所罗门所说："智慧之子使父亲欢乐，愚昧之子使母亲蒙羞。"① 常有人见到在一个子女满堂的大家中，一两个最大的子女备受重视，最小的备受宠爱，中间的那些可以说是被忘却的，却常常证明是最有出息的。

父母在零用钱上对子女的吝啬，乃是一个有害的错误。这使他们变得卑怯,精于取巧,甚至与不三不四之流为伍,但有丰足之日,更是穷奢极欲。因此,父母若对子女管教上从严,花钱上从宽,效果证明最佳。

家长也好,教师或师傅也好,仆人也好,人们均有一个愚昧之举,就是对尚处童年的兄弟之间鼓励一种竞争,这使他们在长大成人后也彼此不和,且家庭纠纷时起。意大利人对子女和侄甥或近亲都一视同仁,但这使他们团结一致,纵令他们非都出自亲生,亦不介意。而且,说实话,性情上更是如此,以至于有时我们一位侄子因偶然的血缘因素,更像他的一位叔父或伯父或其他某位男的近亲,而不像他自己的父亲。

为人父母者,当把握适当时机为子女选定他们想让子女认定的职业和人生道路,因为他们那时最具可塑性。同时,为人父母者,不可过分迁就其子女的心意,别以为他们对其当时所爱好的事,将来就一定会竭心尽力。

诚然,如果子女的爱好和能力超群卓著,就最好不要压制它。不过,以下这句格言还是大有见地的:"挑选最好的路,走惯了就会轻松和自然。"

兄弟中为弟者多半结局通达,但若做兄长的继承权被剥夺了,则为弟者不见得那么走运,说不定连运气的影儿都不见了。

---

① 语出《旧约·箴言》第 10 章第 1 节,另参考第 29 章第 15 节所云"杖打和责备能加增智慧,放纵的儿子使母亲羞愧"。第 22 章第 15 节"愚蒙迷住孩童的心,用管教的杖可以远远赶除"。有管教出智慧、放纵出愚昧之意。培根自己曾有注解前者反映父亲的职责,后者是母亲的苦果。

论婚姻与独身

有妻室与子女的人已经对一切都听天由命了。因为妻儿乃是成就大事的包袱,不论想成就的大事是善的还是恶的。的确,对于大众最有益的丰功伟绩,乃是出自未婚或无子女的人士,他们在情感上和经济上都已嫁给了大众,并陪上了嫁妆。照理说,有子女的人最关心未来,他们明白,必须把最贵重的抵押物交托给未来。

有些人虽然是独身生活,但心思却仅限于自己,视未来无足轻重;另有些人视妻子和子女不过是应付钱的账单。不仅如此,还有一些富有而愚蠢的守财奴竟以无后为自豪,因为他们那样就显得更富有了。他们或许听见有人说"某某是个大富翁"时,其中便有人反驳说"是又怎样,他有很重的儿女负担",好似在说子女抵消了他的财富一样。

然而,独身生活最常见的原因是为了人身自由,尤其是对那些妄自尊大、性情乖张的人而言,他们对各种约束过于敏感,差不多连皮带和吊带都视为枷锁和镣铐了。

未婚的人士,无论是做朋友,还是做主人或做仆人,均是最出色的。但作为国民,就不一定令人称道了,因为他们动辄远走高飞,而且,几乎所有的亡命徒都属于这种情况。

独身生活对于神职人士是合适的,因为如果恩惠须先施之于家居之池,就难以润泽大众之地。但它对于法官和政府官员却是无所谓的,因为假如他们轻浮而败坏的话,则其身旁的一个坏随从所产生的恶劣影响将远远胜过其妻子的教唆。

对于军人而言,我发现将领们在激发士气时,常提醒他们关于妻子儿女的事。我想,土耳其人把婚姻不当回事,使其下流的士兵更加卑劣。

无疑地,妻子和儿女是对人性的一种磨练。独身人士在许多时候虽然更好施乐助,乃因其手头宽裕;而在另一方面,他们也较为冷酷无情(适合做严厉的审讯人),也因其难以产生同情。

庄重的人,其性情因受着风俗的熏陶而心志更坚定者,多是深情致志的丈夫,诚如为人津津乐道的尤利西斯①,说他宁要老妻,也不要永生。贞节的女士常常骄横而刚愎,好像是在张扬其贞节之荣。相信丈夫之精明的妻子,其维系婚姻之最佳方法是保持忠贞和顺服;但当她发现丈夫有醋心时,她是决不会用这种方法的。

妻子乃是青年时代的情人,中年时代的伴侣,老年时代的护士。所以,愿意的话,人何时都有娶妻的理由。但有一位智者,当被问到:"人当何时结婚?"他答道:"年轻时不需要,年老时不必要。"

常见下作的丈夫却多有上品的妻子,其原因或许在于此类丈夫偶尔闪现出的真情实义格外珍贵,或许在于为妻者为自己的耐心引以为荣。但有一点确是注定的,就是如果选嫁这些下作的丈夫,是出自为妻者当初不顾亲友之忠告的自作主张,那么她们就一定会将错就错,坚持补救到底了。

---

① 尤利西斯(Ulysses),荷马史诗《奥德赛》中之英雄。

论嫉妒

如果人的情感中没有爱情和嫉妒，还有什么可说是令人着魔和神魂颠倒的呢。这两种情感都带有强烈的冲动，并放任自己沉迷各样的想入非非中，并且，它们很容易走漏在眼神中，尤其是在对象出现在眼前时。如果有着魔这事存在的话，上述这些情况就是引发着魔的特征。

同样地，我们知道《圣经》里称嫉妒为"邪恶之眼"①。占星术士称星宿之卑劣势力为"邪恶之星"，这也像是说，在嫉妒的行为中，这种眼神也有一种放射或发散的作用。

此外，有些人还甚为古怪地声称，妒忌之眼神打击射伤力最重的时候，是当受妒的对象正处在光彩夺目或意气风发的时候，因为这种情形使嫉妒有如火上浇油。何况，在这样的时候，受妒者的内在灵气多溢于言表，遇有打击，也就迎个正着。

姑且不论这些玄妙之论（虽然在适当的场合时，并非不值一提），让我们先来谈谈何种人最易嫉妒别人，何种人最易被别人嫉妒，以及公事上的嫉妒和私事上的嫉妒有何分别。

人无德总是在嫉妒人家的有德。因为滋养人心的，要么是自己的正直，要么是人家的邪恶；自身不够正直的，定会求取他人的邪恶;而无望达到人家之美德的人,就想方设法地诋毁他人的长处,以求达到平衡。

多心好事者善于嫉妒。因为,之所以忙来忙去要了解人家之事的原因,决不在于这样做与其利益相关。既如此,想必是他在旁观人家之祸福沉浮中,享受到了一种看戏式的乐趣。专心致志做自己之事的人,绝无可嫉妒之事的。因为嫉妒是一种游荡之情,在大街上逛来逛去,不肯呆在家里,正所谓"好事之徒一定没安好心"之说。

世袭贵族对新晋者的飞黄腾达明显是嫉妒的,因为两者间的距离改变了;而且,有如视觉上的错觉一样,明明是别人往前来,看上去还以为是自己在后退。

残疾人、宦官、老人和私生子是有嫉妒的,因为,他们既无法弥补自己的状况,就有心破坏一下别人的。例外的是,当这些缺陷表现在一种非常英勇的人身上时,他就会决意使此缺陷得以成为其荣耀的一个部分。因为,这样会令人如此感叹:想不到一个阉人或一个跛子做了这样一件了不得的事,它实在也完成了如此光荣的奇迹,如宦官出身的纳尔西斯②、跛子阿盖西劳③和帖木儿④的事。

大难不死又东山再起的人也是如此。他们就像那些跟不上时代的人一样,视他人所受之伤害为其自己曾遭遇苦楚之补偿。

处于浮躁与虚荣,欲事事都出人头地的人,是无时不嫉妒的。他们不能见不到自己的杰出,他们想做的事太多,难免在某方面遇有超越他们的人在。以前阿德里安皇帝⑤就有此特性,他极其嫉妒诗人、画家和能工巧匠。说起来,皇帝本人在这些人的事业领域里,还是有过人之才的。

最后一种是近亲、同事及一同长大的同伴，非常容易在同辈中有人出类拔萃时产生嫉妒的。因为，同辈的突出，就是针对他们运气指指点点的批评；这些东西又常常在他们的记忆中挥之不去，且还同样地引起其他人的注意；这样的事，加之谈论和传闻的添油加醋，更是火上加油了。该隐对其兄弟亚伯的嫉妒，是更可耻、更恶毒的，因为当亚伯的献祭更为上帝所悦纳时，并无旁观者在场⑥。关于何种人最易嫉妒人的话题就谈到此为止。

那么，何种人少受人嫉妒，何种人多受人嫉妒呢？第一，品德高尚的人上进时，少受人嫉妒，他们的幸运看上去本来就是属于他们的。

奖金和赠物令人生嫉，但还债的还款不会。而且，嫉妒从来都是伴随人与我之间的比较而同生的，如果没有了比较，就没有了嫉妒。故此，除了帝王之外，谁也不会嫉妒帝王。然而，应当注意的是，对卑微的人来说，初入上流时最受嫉妒，后来这劲过去了，也就好些了。反之，对早已功成名就的人来说，他们在后来很长时间仍有福气延续不绝时最受嫉妒，因为那时，他们虽然功德不减，但其显赫已不可与往昔同日而语了，新贵的崛起已经抢走了他们的风头。

贵族在晋爵时是少受嫉妒的，因为那是他们天生就好像有份似的，而且那也似乎使他们的财富增加无几。嫉妒一如日光，照在峭壁或陡坡上要比照在平地上热得多。与此同理，那些逐步高升的人比那些平步青云和一跃而直升的人，是少受嫉妒的。

那些伴随着劳苦、忧患或冒险才得到荣誉的人，是极少遭遇嫉妒的。人们认定他们挣得的荣誉来之不易，有时还会可怜他们，而怜悯之情永远可以治愈嫉妒。为此，你当留意那些老谋深算的政客,官运亨通时,还总是诉苦和哀叹自己过的是什么日子,哼哼说"我们简直是在活受罪"这类的腔调。这并非是他们的感觉如此,而是为了要减轻别人的嫉妒而已。不过要知道,这种哀叹是针对那些由别人添加的事情而言,而非指自己揽过来的活,因为,最能招惹别人嫉妒的事,莫过于多手多脚又野心勃勃地专权的人。而大人物使其下属享有充分的权利和突出的地位,最便于消除别人的嫉妒他借这种手段,就与嫉妒之间有了几重屏障。

招惹嫉妒之极的,首先是那些趾高气扬、目空一切地摆出他们大富大贵姿态的人。他们处心积虑,刻意炫耀自己外表的显赫或者对一切反对及竞争势力的藐视,以表示他们多么了不起。而明智的人宁愿受些委曲,对嫉妒作点牺牲,有时在对自己无关紧要的事情上有意任人阻挠或占上风。然而,毋庸置疑的是,以一种朴实和开放的态度来对待自己的优越(只要不带自大和虚荣的话),势必要比以一种取巧和狡诈的方式少惹人嫉妒。因为用取巧和狡诈的方式的人,就是表明他不配有那种富贵,也差不多是表明连他自己心虚自己的底气不足,不过是在挑唆人家嫉妒他了。

最后,我们可做个总结,有如开头所说的那样,嫉妒的行为有点巫术的味道,因此整治嫉妒,非用整治巫术的方法不可,那就是得去除人所谓的"邪气"并使之加诸他人身上。为此目的,有些明哲保身的大人物,老是叫人家上台抛头露面,以使那本要临到他身上的嫉妒心,有时转加到同事或同僚身上等等,不一而足。肯做这种替身的鲁莽而好事之徒,是从不缺乏的,他们只要能得到权力又有事干,就会奋不顾身的。

至此该谈谈公妒，它还是有些优点而言；不像私妒那样一无是处。公妒的事，一如陶片放逐法⑦，用以在有些人拥有太多权势的时候抑制他们。所以，它对大人物是一种防止他们越轨的约束措施。

这种公妒，在拉丁语中称为invidia，相当于今日英语语义的"不满"，有关内容我将在《论叛乱》那一篇中再说。它是一个国家里爱传染的疾病。正如传染到了健康之肌体而使感染一样，一旦国家中有了"不满"，连国家最好的政策也会受到诋毁，且使这些政策变味到臭不可闻之地步。在这种情况下，再采取笼络人心的政策，也是无济于事的，它恰恰表现出一种软弱及对不满的畏惧，其遗害更甚。这正如常见的各种传染病，你越怕它，就越会招惹它。

这种公妒，似乎是主要针对高官重臣而来的，而非针对帝王或帝制本身的。但是，铁定的规律是，如果对某个无甚过失的高官的不满很大，或者，这种不满所针对的，遍及一国之所有内阁成员，那么这种不满（虽然是隐蔽的）就的确是针对国家本身了。有关公妒或不满，及其与私妒之分别的话题，谈到此为止。私妒已在前讨论过了。

特此再就嫉妒这种情感作个简要补充几句：嫉妒是所有情感中最难缠的，最持久的，而其他情感则是有起有落。故此，有古语精彩地说："嫉妒从不放假，"因它总是在这家那家地忙来忙去。而且，明显地，爱情和嫉妒的确使人憔悴，而其他情感却不至于此，因为它们是不能持久的。嫉妒还是一种最令人作呕、最卑劣的情感，因此也是魔鬼的本质特征。故此，人们称魔鬼是那个"夜间在麦子中种种子的嫉妒者"⑧。嫉妒的工作总是在黑暗

中偷偷摸摸地进行的,目的是要损害那些诸如麦子一类的益物
的,而且,永远如出一辙。

---

① "邪恶之眼",原语出《新约·马可福音》第 7 章第 22 节旧英文版,现标准英文版及
 汉译仍为"嫉妒"。
② 纳尔西斯(Narse,公元 472—568),古代东罗马之名将。
③ 阿盖西劳(Agesilaus,公元前 444—前 360),古希腊斯巴达国王。
④ 帖木儿(Tamberlanes),蒙古贵族,绰号"帖木儿兰",意为"跛足帖木儿",帖木儿帝国
 的创立者。
⑤ 阿德里安(Adrian,又名 Hadrian,公元 76—138),罗马皇帝,在位 20 余年(公元 117—
 138),树立强权,编撰法典,昌兴文艺。
⑥ 语出《旧约·创世记》第 4 章记载故事。始祖生该隐和亚伯,二人献祭,亚伯的蒙上
 帝悦纳,令该隐嫉妒,并杀了亚伯。上帝此前就曾责问该隐说:"你若行得好,岂不
 蒙悦纳;你若行得不好,罪就伏在门前。它必恋慕你,你却要制伏它。"
⑦ 陶片放逐法(Ostracism),古希腊盛行一时的政治制度。由公民将其认为有害于国
 家的人的名字写于贝壳或陶片上进行投票,逾半数者,则被放逐国外 10 年或 5 年。
 此制度于公元前 417 年被废除。
⑧ 语出《新约·马太福音》第 13 章第 25 节,该句经文的今译是:"及至人睡觉的时候,
 有仇敌来,将稗子撒在麦子里,就走了。"原文中只说是"仇敌",未提"嫉妒者",相信
 是培根对《圣经》的领会所致。另见第 13 章第 39 节经文:"撒稗子的仇敌,就是魔
 鬼。"《圣经》里多处经文都表明魔鬼是堕落的灵,有能力,但充满对正直的嫉妒。

论爱情

　　舞台是要比人生更受益于爱情的。在舞台上,爱情永远都是喜剧的题材,也不时成为悲剧的内容。但在人生中,爱情时而有如艳女,时而有如泼妇,惹是生非,招灾致祸。

　　值得注意的是,所有古今伟大而尊贵的人物,只要是我们所记得的,还没有一个会被爱情搞得神情颠倒以至魂不守舍的程度,可见伟大的人物和伟大的事业,的确可以摒弃这种孱弱之情。然而,有两个必须视为例外的事,一是曾为罗马帝国两个合伙统治者之一的马库斯・安东尼奥斯①,还有就是作为十大执政官之一和拟订法典的阿皮尔斯・克劳迪亚斯②。前者确是一个好色之徒,放纵无度;但后者却是一个庄重而明智的人。所以,虽然不多见,但看起来,爱情不但会对不设防之心长驱直入,即或对严阵以待之心,也照样随进随驻,如果把守稍有松弛的话。

　　人是为观赏天堂及一切壮美事物而被造的,但伊壁鸠鲁③却别别扭扭地说:"我们彼此都是对方的大观赏台",好像人类本无所事事,只应跪在一个小偶像面前,自己任由眼目所奴役,虽然还不至于如畜牲一般为胃口所奴役,而上帝为赐给人眼目本是为了更崇高之目的的。

　　静观这种情欲之放纵,及其不顾事情就里和意义而颠三倒四的结果,真是触目惊心。就此而言,用喋喋不休的夸张语气仅仅适用于谈恋爱,换个话题就变成了废话,这种情欲还不仅限于言谈上。有这样一个很有见地的说法,说人的主要吹嘘者是自己,但情人肯定更胜一筹,其他的小吹嘘者都是添油加醋的。情人眼里出西施,再自大的人也都不会夸张过情人。所以,有人很精辟地说过:"恋人是不可能清醒的。"这种缺点并非只有外人可见,而恋爱对象看不见,相反,这种缺点是恋爱对象看得最清,除非是双方互相恋爱的。

　　铁定的规律是,爱情所得到的回报,从来都是只限于二取一,要么得到回爱,要么得到对方内心秘而不宣的轻蔑。因此,人们更应小心防范这种情欲,它不但使人失去其他的东西,连爱情自己也保不住。至于其他方面的损失,诗人的史诗刻画得极好,说那个喜欢海伦的人放弃了朱诺和帕拉斯的礼物④。凡是沉溺于爱情的,就会丢弃财富和智慧。

　　每当人处于脆弱状态时,即最亨通和最受挫时,这种情欲就泛滥成灾(虽然人在最受挫时也有此问题是一直不太为人注意)。这两种状态都在引燃爱火并使其热烈,因此可见,爱情是愚昧之子。

　　有些人对此处理得极好,当他们非恋爱不可的时候,就予以节制,并使之与其重大事务和人生主旨彻底分离,因为爱情一旦掺和到正事上,就会坏事,使人再也无法持守自己既定的目标。我说不清楚:为什么武士们都这么轻易耽于爱情,我想这是和他们好酒一样的吧,因为冒险多需要快感作报酬的。

人性中有一种深藏的爱人的倾向和动机,若无具体对象得以倾注,它便会普施大众,并使人变得仁慈而宽厚,正如有时在天主教修道士身上所见的情形那样。

　　婚姻之爱使人生养,友谊之爱使人完善,淫荡之爱则使人败坏和堕落。

---

① 马库斯·安东尼奥斯(Marcus Antonius),凯撒之重臣,后与屋大维(Octavian)平分罗马之统治权,因迷恋埃及女王克娄巴特拉(Cleopatca)令其江山倾覆。
② 克劳迪亚斯(Appius Claudius),公元前451—前450时古罗马国家首脑的十大执政官之一,其政治斗争中曾牵连政敌之女,且招致最终失败。
③ 伊壁鸠鲁(Epicurus,公元前342—前270),享乐主义学说的鼻祖。
④ 按古希腊、罗马之神话,天后朱诺(司富贵),智慧女神帕拉斯,又称雅典娜,和美神维纳斯争美,请特洛伊王子裁决,三女神分别行贿,王子选中维纳斯所送的美女海伦,终引致特洛伊战争。

论高官

做大官的人是三重的奴隶:君王或国家的奴隶,名声的奴隶,事业的奴隶。所以无论在人身上、行动上或是时间上,他们都是没有自由的。

为追求权力而不惜牺牲自由,或者为追求驾驭他人的权力而牺牲自我,这种欲望真是令人莫名其妙。升迁高就的过程是极其艰辛的,要吃不少苦,但升得越高,得来的苦越多;而且升迁过程有时还是见不得人的,借用卑下的手段,使人变得尊贵。

在高位上是呆不稳的,其下场是一件可悲的事,要么是垮台,要么是失势。"既无当年勇,何必再贪生。"然而,人想退时退不了,该退时又不肯,而退了的人却是不甘退隐的,即使处在老弱病残之中,本是需要庇护的时候,亦是如此。就像市镇里的老头儿一样,偏偏得坚持坐在街门口,尽管这样做仍是以其老态龙钟任由路人讥讽。

大人物一定得借他人的意见才能看到自己的幸福,要是凭自己的感觉来判断,他们就看不出自己的幸福。但要是一想到别人怎么看自己,别人对于他们所处地位的向往,那他们就好像从这些传闻中得到快乐,虽然他们自己的内心的感受恰恰相反。

因为他们是最先发现自己悲哀的人,尽管他们又是最后一个看出自己过失的人。无疑地,高贵的人看自己都是生疏的,且身处事务的忙乱之中,无论是对自己身体的或是心灵的健康,他们都没有时间去照料。"如果有人死时名扬天下,却自己不了解自己,那就死得太惨了。"①

在位便有权行善及作恶。作恶是可诅咒的;因此对作恶而言,最好是无欲为之,其次就是无力为之。但行善之权力则是正当的、合法的憧憬目标。良善的意念虽蒙上帝悦纳,但要是不实行出来,就不过是好梦一场而已。而行善非得有权有势作为其后盾和令箭不可。

功名与善行乃是人类谋高位之目的,看到这个目的之实现,则对人来说,大可心安理得。如果有人能参与上帝的剧作,那么他同样可以共享上帝之安息。"上帝看着一切所造的都甚好。"②然后就到了安息日③。

刚当上官,就应以此在你面前树立起最佳的典范,因为仿效就是一套原则。稍后,当为你树立你自己的榜样,并严格自检,查验是否有进步或退步。也不要忽视前任及其失误之处,这不是为了要诋毁前任的名声而突出自己,而是为了指导自己以免重蹈覆辙。

因此,要进行改善,当不作声张,也不毁谤过去及前任个人,而要给自己订立制度,且要创立后人可效法的良好先例。凡事都要追到最初的根源,且要究其退化原因和方式。但要顾及两点;当初什么是最优的,当今什么是最适宜的。

行事当力求有章可循,以便他人得以把握所预期的,但不要太刻板或拘泥于形式,且当你偏离此规则时,自己应该把原因解释清楚。

维护你自己职位应享的权利，但不要挑起名分的问题；宁可闷声尽享实权，也不要吵闹着去苛求。同样也要维护下属权利，并且带领指挥下属工作，而非事必躬亲，这才是更合体统的事。欢迎并征求一切有助于你行使职权的帮助和忠告，对待那些通风报信的人，不要视为搬弄是非者拒之门外，而要乐意接待。

当官的毛病主要有四种：拖拉、贪污、粗暴和面子太薄。谈起拖拉，欲避免之，应使人易于接近，还应遵守约会时间，处理手中之事当一气呵成，不得已时绝不将其他事情掺合在一起。

谈起贪污，不仅要约束自己及随从不受贿，还要约束求情人不行贿。因为正直只对自己一方有作用，但树立正直的形象，加之对贿赂的深恶痛绝的名声，则对他人一方有作用。不但要避免受贿之事，也要避免其嫌疑。凡被认为反复无常，以及虽无明确原因，却在明显地改弦易张，就易引致贪污嫌疑了。因此每当你改变主意或方针时，一定要将此事及其变化的理由予以公开的承认和宣告，不要企图蒙混过关。如有下属或亲信与你关系特别密切，而他们却没有明显的可称道之处，这就易为人视为暗行贪污的一个旁门左道。

谈到粗暴，它招人怨恨，绝不是一种非干不可的事。严厉使人生畏，但粗暴使人怨恨。即使是斥责下级，也应以严厉代替尖刻。

面子太薄之为害甚于受贿。因为贿赂偶尔才有，但如果纠缠和情面可以左右一个人，那他就会一直受面子的牵制。如所罗门所言："看人的情面，乃为不好；因一块饼枉法，也为不好。①"

有古语说得极有道理："当官便知其为人。"有些人当官便为人更好，有些人更差。塔西佗论加尔巴时说："要是他从未做过皇帝，人家也会公认为他该做皇帝的。"但他论韦斯巴芗时却说："在所有皇帝中，唯有韦斯巴芗一个人是在当皇帝后变得更好。"虽然前一句是指统治能力，后一句指气度及情怀的。无论是谁，有了权位而在改善，就足可证明其人格之高尚而心胸之宽阔了。因为，权位就是，或者说应当是德政之所在，且一如大自然一样，当事情在纳向正轨的运动时，此运动乃是最剧烈的，上轨后就动得和缓了。所以，追求权位时的德行是激烈的。而当权时的德行则是安稳而平和的。

所有往高位的晋升都有如登上一条转圈的楼梯一样，要是遇到有派系之分的事，最好就让自己往上爬时加入一派，爬上去了就要不偏不倚。应善意而公平对待前任的名声，因为不如此做的话，就成为一种债务，等将来你离开的时候非还不可。有同事的话，当尊重他们，宁可在他们意外时召见他们，也不要在他们有事相求时拒之门外。但在谈话中和私下答复求情人的时候，不要念念不忘你的地位，相反，最好由人家说："他工作起来真是另一个人。"

① 语出塞内加所著悲剧《提埃斯忒斯》。
② 语出《旧约·创世记》第 1 章第 31 节上半句。
③《旧约·创世记》第 2 章第 1 节至第 3 节记："天地万物都造齐了。到第七日，上帝造物的工已经完毕，就在第七日歇了他一切的工，安息了。上帝赐福给第七日，定为圣日，因为在这日上帝歇了他一切创造的工，就安息了。"
④ 语出《旧约·箴言》第 28 章第 21 节。

论胆大

狄摩西尼①曾被问及一个问题："什么才是演说家最主要的才能?"他答道:"动作;""其次呢?""动作;""再次呢?""还是动作。"这虽是一般初中课本上的一节普通课文,却是值得智者深思的。

狄摩西尼称他对此才能精通,另一方面又称他并不具备所推崇之才能的天分。奇特的是,这种才能乃是演员的本事,对演说家而言不过是表面功夫,却备受抬举,盖过其他精彩之技,如独创和雄辩之才等等。不仅如此,这种表面功夫简直好像是至高无上,一个顶一万个似的。而其原因却是显而易见的:在人性中,愚钝的成分通常多过智敏的成分。因此,那些令人心中愚钝部分为之所动的本事就是最显成效的了。

与此极其吻合的是政治上的胆大。若问什么才是政治上首要的才能,那就是"胆大",第二和第三呢?还是"胆大"。尽管,胆大不过是无知和无耻的产儿,根本不能与其他能力相提并论。然而,它的确迷惑和牵制那些占绝大多数的短视和胆小的人,即使是聪明人,一时糊涂也会被麻痹。因此我们看到,胆大在民主制度的国家创下了奇迹,但在元老制度或君主制度的国家却表现平平。还有,胆大从来都是胆大者初次现身时较有奇效的,后来就没什么了,因为胆大的行为从来都是不能将基于胆大而发出的诺言予以兑现的。

的确,如同有卖狗皮膏药的人为人治病一样,也有卖狗皮膏药的人为人治国,这类人信誓旦旦要改革积弊,或许能在两三次试验里撞上好运,但他们却欠缺知识的根基,故而无以持久。

此外,你往往会遇见有胆大者去做穆罕默德式的神迹。穆罕默德让民众相信他会召唤一座山来到他那儿,然后在此山顶上为信奉他戒律的人祈祷。等大家集合在一起了,穆罕默德一而再、再而三地召唤那座山前来他这儿,山却纹丝不动。这时候,他丝毫不觉难堪,反而说:"要是山不肯来穆罕默德这儿,那么穆罕默德愿意往山那儿去。"所以,有些走江湖的人,当他们承诺一件大事而十分可耻地失败了的时候,只要胆量十足的话,他们便将此敷衍而过,转移话题,然后就溜之大吉了。[2]

无疑地,对见多识广的人而言,胆大妄为者只是一种可资消遣的笑料,即使对普通人而言,胆大者也是有点离谱的。如果荒唐是笑料的素材的话,保你确信,名副其实的胆大一定离不开几分荒唐的。尤其值得一提的是,胆大者在失去面子时,神情萎缩到呆若木鸡一般。而胆小者失去面子时,尚有伸缩之地。胆大者在相似情形中,就进退维谷了,有如国际象棋中的王棋被困的僵局一样,虽未被将死,但却动弹不得。不过,这后一种观点适合于写进讽刺小品中,而不适于写进较严肃的话题里。

胆大永远都是盲目的,因她看不见危险和麻烦。所以,把胆大用在决策上有害,用在行动中有利。基于这一原因,对胆大者应当知人善任,永远不可让他们作统帅,只可任其做副手,且置于他人的指挥之下。因为,凡事在商计时最好顾及风险,在行动时最好不计风险,只要这些风险不是太大的话。

---

① 狄摩西尼(Demosthenes,公元前 384—前 322),古希腊雄辩家。
② 培根在引用这个故事时,明显带有那个时代特有的偏见。应注意批判。

论善与性善

　　我所用的"善"这个字,意指为人谋利的心性,相当于希腊人所谓的"爱"这个字,现在英文中的"人道"这个单字来表述其意有点不够分量。我把"善"当作是一种习性,把"性善"当作是一种倾向。"善"作为上帝的特性,是人类心志上一切品德和尊贵中至高无上的;没有它的话,人类就是一种瞎闹、胡来、卑劣的东西,一点也不比寄生虫好。

　　"善"与神学意义上的品德"爱"相符,多多益善,但又不容有偏差。追求过度权力的欲望使天使堕落①,追求过度知识的欲望使人类堕落②;但"爱"是没有过度这回事的,无论是天使或人类,都不会在"爱"上出现问题。

　　向善的倾向很深地烙印在人性里,以至于人若未将此施于人类,也会施于别的生物,如在土耳其人身上之所见。土耳其人是一个凶残的民族③,但对禽兽却很仁慈,还对狗和鸟施舍食物。以至于连布斯拜其斯④也记述了这样一个故事:在君士坦丁堡有一个信基督教的男孩,因好玩而把一只长喙鸟的嘴撑住不放,差一点被人用石头打死。在这种善或爱的品德中,也的确有可能犯错的。

意大利人有一句粗俗的成语说："人太好了，好得都没什么味了。"还有一个意大利的大学者，名叫马基雅弗利，大胆而直率地写道："基督教信仰把善良之人当作牺牲品，献给那些暴虐无道的人。"⑤他之所以如此说，是因为的确没有一种诫规、教派或主张，有如基督教这样推崇"善"的。因此，为了避免不恭，又避免冒险，最好应对一种优良的品性中之误区有所认识。

　　追求为他人谋利，可千万不要做他人之面子或妄想之奴隶，因为那不过是软弱可欺，使诚实的人上当受骗。也不要把宝石给《伊索寓言》中那只公鸡，它要有一粒麦子会开心快乐得多的。上帝的示范提供了真切的教训："他叫日头照好人，也照歹人；降雨给义人，也给不义的人。"⑥但他不降财富，也不叫荣誉和品德普照给所有的人。泛泛的恩惠当供大众共享，特殊的恩惠则应有所选择。并且，应当留心的是，制作塑像的时候，别打坏了原型。因为神性的作用，我们的爱我们自己就成为一个原型，而爱我们的邻舍不过是对这个原型的塑像而已。"去变卖你所有的，分给穷人；来跟从我，"⑦即，除非你来跟从我，也就是说，除非你有来自上帝的呼召，使你有能力用很少的资源可做有如用很多资源才做得到的大好事，别把你所有的都变卖了。否则的话，你就是在为注水入河而汲干泉源了。

　　世间不仅存在由健全理智所引导的善习，而且，在有些人身上，还存在一种天性行善的倾向。如同另一些人身上存在着天性行恶的倾向一样。因为有些人其天性就不关心利人之事。小恶的一类变成一种狂暴、蛮横、好胜和任性，或叛逆、或固执、或其他类似的东西；大恶的一类则变成嫉妒和纯粹的祸害。这类人当别人处于灾难中时，可说是幸灾乐祸的，且总会对别人落井下石，他们还不如那些舔拉撒路疮的狗⑧，倒像是那总叮着伤口嗡嗡叫的苍蝇。他们是愤世嫉俗的，惯于把人家带去上吊，可在他们自家花园里，连泰蒙⑨都有的供人上吊的树却一棵都不备。这种性情确是人性的罪恶，也恰恰是造就大政客的最佳材料；好像曲材一样，虽不适用于造就岿然不动的房子，却是适合用于本来就注定要颠簸不已的船的。

　　善的内容和特征有很多：如果一个人对外来的异乡人殷勤有礼，即表明他是一个四海为家的人；其心不是一个与其他陆地相分离的孤岛，而是与他们相毗连的一片大陆。如果他同情别人的苦难，即表明其心有如那种名贵的树，宁可自己受伤，也要流出香膏。如果他善于原谅及宽恕人家的冒犯，即表明其心底是根植于伤害不到的地方，以至于他是不会被击垮的。如果他对小恩小惠也不忘感谢，即表明他看中的不是区区礼物，而是人的心。但最突出的是，如果他有圣保罗的那种为其弟兄的得救，宁肯自己受基督诅咒的至善⑩，即表明他有很大的神性，以及一种与基督本身相符合的品性了。

---

① 在神学上看，魔鬼或撒旦就是堕落的天使，凭上帝赋予的能力和权利，教唆人类的犯罪，挑拨离间人类背叛上帝。此处所言系用文学作品《失乐园》中所记。
②《旧约·创世记》第 2 章至第 3 章所记，夏娃在受到魔鬼的引诱后，不顾上帝的警告，吃善恶树上的果子，又让丈夫亚当吃了，然后见上帝就躲藏起来，终受诅咒。
③ 这里，培根又暴露出他欧洲中心主义的民族观，其中的用词是应该批判的。
④ 布斯拜其斯（Busbechius，1522—1592），北欧当时著名的外交家。
⑤ 马基雅弗利（Nicholas Machiavel，1469—1527）意大利政治思想家，历史学家、作家，著有《君主论》等名著，认为欲达政治目的可不择手段，赤裸裸地谈论权术之隐密和诡计。但培根在此引述明显是张冠李戴、断章取义的，因为马氏自己在《论李维》中引用此话本来就是要作纠正的，他在此句话后面批评说："其实不然"。

⑥ 语出《新约·马太福音》第 5 章第 45 节。耶稣原话意指"所以,你们要完全,像你们的天父完全一样"(第 48 节)。

⑦ 《圣经》上原载的故事是说有一个自信严守上帝诫命的少年官追着去见耶稣,请教如何得永生,一直谈得甚欢,耶稣也喜欢他,并提醒他去做最后一件事:"去变卖你所有的,分给穷人,就必有财宝在天上,你还要来跟从我。"结果这少年忧伤地走开了。见《新约·马可福音》第 10 章第 21 节。

⑧ 语出《新约·路加福音》第 16 章第 21 节所记故事。拉撒路为讨饭者,其"浑身生疮"。

⑨ 泰蒙(Timon,公元前 431—前 404),在莎士比亚的戏剧中,他出借家中的树让人上吊。

⑩ 保罗(见第二章译注)在《新约·罗马书》第 9 章第 3 节中写道:"为我弟兄,我骨肉之亲,就是自己被诅咒,与基督分离,我也愿意。"在第 10 章第 1 节又写道:"弟兄们! 我心里所愿的,向神祈求的,是要以色列人得救。"对犹太人来说,诅咒即是祈鬼降祸于人,和祝福相对,是对敌人最恶毒的做法。对基督徒来说,耶稣基督的祝福就是生命的源泉。基督要求:"诅咒你们的要为他祝福(《新约·路加福音》第 6 章第 28 节)",并应许他的再来,带来新天新地,此后就"再没有诅咒(《新约·启示录》第 22 章第 3 节)。"而保罗作为犹太人基督徒,说此话无疑是表明自己愿付最重的代价来救自己的兄弟。

论贵族

谈起贵族，我们首先会视其为国家的一个社会阶层，其次又视其为个人的一种地位。一个完全没有贵族的君主国家，永远都是一个纯粹而绝对的专制国家，如土耳其的情况一样。因为贵族是中和君权的，且多少把人们的视线从皇室吸引开。

但是，民主制度的国家是不需要贵族的，且与有世袭贵族的国家相比而言，通常还更和平，更少些叛乱的活动。因为人们的视线是在事上，而不是在人上；或者，就算在人上，也是为了事业的缘故，借以看谁最称职，而不是为了看血统及门第。我们见到瑞士尽管宗派林立，辖区分散，却都是长治久安的。因为维系他们的是共同利益，而不是地位和名分。低地国家①之统一的各省在政治上很开明，那里有平等的权力，政治的商议也更是无所偏袒的，人民更乐意付款纳税了。

一个势力强盛的贵族固然增加了君主的威望，却也削弱了他的权力；固然为人民注入了生气和活力，却也榨取了他们的福利。恰到好处的情况是，贵族强盛而不至凌驾于王权和国法之上，同时又保持着一定的地位，这样当下民起哄闹事的时候，其矛头在过早地直指君王的尊严之前，先有贵族抵挡。一国之中，贵族众多则引致贫穷和困难,因为这是一项负担过度的开支;而且在另一方面,由于贵族中有许多人必然会衰落以至贫困,它就在名号尊贵与财富贫乏之间造成了一种极不相称的情况。

至于个人的贵族地位,设想一下当看见一座古堡或古建筑未见破败时,或一棵参天古树枝茂而叶盛时,是多么令人肃然起敬。那么,要是见到一个饱经风霜而屹然不倒的高贵而久远之家族时,则仰慕之情不知更甚几何!新兴贵族不过是出于权力之作用,但世袭贵族则是出于时间之造就。

那些在贵族世家中第一代晋入此阶层的先人,多是些才高志强而品德不够清白的人,因为如果不是黑道白道并用的话,很少能有什么飞黄腾达。但惟有他们的优点长存在后人的记忆中,他们的缺点,则早随他们一同消亡了。

出身贵族的人多轻视劳作,而那些自己不勤劳的人会对勤劳的人嫉妒的。此外,贵族个人不可能再怎么高升,而那些自己停滞不动的人,是难以在别人发达时不起嫉妒之心的。另一方面,贵族之名分可去除他人对他们不自觉的嫉妒,因为荣华富贵生就属于他们所有。

无疑地,那些拥有贵族精英的君王,会在任用他们时感到得心应手,且令国事更加风调雨顺的。因为他们有如生来有权发号施令似的,令民众顺服得自然而然。

---

① 低地国家(Low Countries),指荷兰、比利时、卢森堡三国。

论叛乱与动乱

作为民众之头领的人,应该知晓国家政治风波的征候:这种风波在各种情况都发展到再无上下尊卑之分时最为强烈,一如自然界的风波在节气交接时最为强烈一样。并且,也和狂风暴雨到来之前,有风眼平静的疾风和暗涌的海浪一样。国家政治事务中,也有相同的情况:

> 他(太阳)不时地发出警告
>
> ——有黑暗的反叛迫在眉睫
>
> ——有变节和偷袭在酝酿。

当针对国家的流言蜚语和胡说八道,传得又多又明的时候;当与之相似的不利于国家的谣言此起彼伏,又有人轻信的时候;即是见到动乱的征候了。维吉尔①在讲述谣言女神之家世的故事中,提到谣言女神是巨人们的妹妹:

> 她是
>
> ——因地母出于对众神之愤怒

——而出生的（如故事所言）

——凯斯和恩刻拉多斯②最小的妹妹。

　　好像谣言是历史上众神叛乱的遗物似的。但千真万确的是，谣言实为即将来临之叛乱的序曲。无论怎么看，维吉尔都说得对，那就是，构成叛乱的行动与推动叛乱的谣言之间并没有什么差异，充其量不过是哥哥与妹妹，阳性对阴性之分。特别明显的是，在这种情况发生的时候，赶上国家订出最好的政策，本是最值得称赞的事，应当得到最大程度的欢迎的，却遭到恶意的曲解和中伤。这就表明了很大的怨恨之情的存在。如塔西佗所说的那样："当人们开始（对统治者）怀有极大不满时，他的任何举动，无论是好是坏，都一样使他受非难。"

　　但是，不要因为谣言是动乱的标志，就以为用十分严厉的方法压制谣言，即可整治动乱了。有很多时候，对这些谣言置若罔闻，倒是最有效的制止它们的方法，到处禁来禁去会使疑虑散播更久。

　　还要提防这样一种性质的顺服，如塔西佗所谈论过的那样："他们坚守岗位，但对于长官的命令，他们热衷于解释而不是执行。"对命令和指示说三道四、找借口不执行以及吹毛求疵的做法，乃是一种挣脱约束的动作，一种不服从的试验。特别显著的是表现在这样一些争论场合，其间，拥护指示的人讲话怯声怯气，而反对的人则振振有词。

　　再者，正像马基雅弗利所中肯指出的那样，君王本是民众之父母，要是君王自己也结党成派，偏袒一方，那就如同一只因负荷不平均而倾覆的船一样。这在法兰西国王亨利三世身上清楚可见:他先加入消灭新教徒的同盟,随后不久,这个同盟就掉过头来对付他自己了③。当君王之权威蜕变为区区一种运动的助推力,且在君权的箍带之外,另有其他箍带比其束得更紧的时候,君王就开始要被拉下台了。

此外,当纷争不和、互相攻讦和派系斗争在公然放肆地进行的时候,这就标志着政府的威信已经荡然无存了。政府里最高层官员的一举一动,应当有如旧观念中所谓"第十层天"④之下的行星之运转一样,即每个行星受最高层之运转作用而作的运转是迅速的,而其自转则是柔缓的。因此,当高官们在自主的运作中动得太激烈,并且,正如塔西佗恰当的表述一样,"放任到了置其支配者于不顾的程度"的时候,就标志着天体出了运行轨道了。因为威信是上帝所赐的、用以使君王之为君的佩带,也就是上帝在"我也要放松列王的腰带"⑤中警告的那东西。

所以,当政府之四大支柱(它们是宗教、法律、行政会议和财政)中任何一个遭到根本的动摇和削弱的时候,人们就该为风调雨顺而祈祷了。但暂且跳过这部分关于预测的内容(然而,关于此部分内容,在下文中还可得到更多探讨),先谈叛乱的因素,再谈它们的动机,第三谈谈它们的整治。

关于叛乱的因素,这是一个很值得研究的事,因为预防叛乱(要是时间允许的话)的最稳妥方法,就是消除它们这些东西。因为如果有备好的燃料,就说不定哪儿会有火星子来点火了。叛乱的因素有两类:群众的贫困和广泛的不满。可以肯定的是,破产的人有多少,投票拥护动乱的人就有多少。卢坎⑥精彩地描述罗马帝国在内战前的情况:

从此而有高利贷的捕猎

和贪婪奔向结账日的暴利

从此而有信用的动摇

和那成为众人浑水摸鱼的战乱

这样的"成为众人浑水摸鱼的战乱",就是一个陷入叛乱和动乱之国家的确凿无误的标志。并且,如果这种在较高社会阶层的贫困和破产与底层人民的欠缺和困难连在一起的时候,那么,危险就很大且迫在眉睫了。因为肚子的造反是最可怕的。

至于不满,它们在政治肌体中的作用就如同体液在人体的作用一样,极容易积聚一种不可思议的热气,并引致发炎的。做君王的,千万不要以这种不满是否恰当为根据来判定危险的大小,因为那样做就是把老百姓想象得太理性了,而且老百姓常常会自己损害自己的利益;也不要以引致不满的痛苦的实际大小为根据来判定危险的大小,因为当那些不满之中所含的焦虑比痛苦要大时,才是最危险的。"痛苦是有限的,焦虑是无限的。"此外,在深重的压迫中,那种激发忍耐的事,也同时压抑了胆量,但在焦虑中的情况却非如此。同时,无论是对君王或国家而言,不要因为见得不满多了,时间长了,却未见有大乱,就对不满见怪不怪,掉以轻心。的确,每一股蒸汽或雾气都不会变成暴风雨的,而且,暴风雨有很多次也都是一吹而过,然而,它终究会倾盆大泻的,而且,恰如这句西班牙成语所说的:

绳子最终断在最轻的拉扯上。

叛乱的原因和动机是:宗教的改革,税收、法律与习俗的变动,特权的破除,压迫的广泛,小人和外人的得势,饥荒,军队的解散和党派之争的白热化,以及任何一种激怒民众并使其在一场共同运动中抱成团的事件。

对于叛乱的补救方法,有一些通用的预防措施先在此探讨一下。至于特效的救治,必须对症下药,故无通例可循,而当交由行政会议处理。

第一种补救或预防的方法,即尽一切可能消除上述叛乱的物质原因,就是国力的匮乏和贫穷。针对这个目标当采用下列方法:开放贸易并使之取得良好平衡;保护并扶持制造业;流放游手好闲之徒;循节约法禁止浪费和铺张;改良和垦耕土壤;调控市场物价;减轻税赋和进贡;等等类似的方法。总体上来说,应当注意的是,别让国内总人口超过国内积储可以供养的人口量(特别是在未受战乱摧残的时候)。人口的计算也不要单凭数目为准。因为一个人口少的国家,如果收入也少而消费过多的话,比生活节约、储蓄又丰的国家,会更快地耗尽其国力。因此,贵族显要的增加,如果超过了平民人口增加的正常比例,很快会把国家拖到贫困的地步;而且,宗教神职人士过度增长也是如此,因为他们是不事生产的,而被供养的学者如果多过可容纳他们的职位的时候,照样也是这样。

同样地,应该牢记的是,鉴于任何国力的增长必然靠从外国人那里获利(因任何事物在一处有得,即必在另一处有失),故由一国卖给另一国的东西仅有三类:天然的物产、工业制成品和交通运输服务。所以,如果这三个轮子在转,财富就有如春潮一样源源流入了。而且,屡见不鲜的是,"做工胜过物品",即做工和运输比物品更具价值,且使国家财富增加得更多,如在低地国家的人身上所见到的一样,他们那儿的人拥有世界上最优质的、地面上的矿藏。

最重要的是使好政策得以实施,使国家的财富和金钱不会聚敛在少数人手中。否则,纵使国家有大量储备,也免不了饥荒的发生。金钱有如肥料,撒不开就没有益处。均分财富的主要做法,是要禁止或严格控制诸如高利贷、垄断、大面积圈地而围的牧场一类图暴利的生意。

对于消除不满,或至少消除其危险成分的事,如我们所知,每个国家都有两种国民:即贵族和平民。当其中之一不满时,危险不大,因为平民若无上层阶层的挑拨的话,动起来慢腾腾的;而若平民自己不想动或为此尚未准备就绪,则上层阶层的力量就不够。危险的是,当一直只是等着下民中动乱之潮四起而伺机待动的上层阶层,开始自己公开表明其不满的时候。诗人们想象,朱庇特⑦听到其余众天神想把他绑起来,便听从了帕拉斯⑧的意见,派百手巨人布里阿柔斯⑨来相助,使其终未得逞。这寓言无疑表明,若君王确保平民百姓之拥戴,将是多么的平安。

对民众给予适当的自由,以发泄其痛苦和不满,乃是一种稳妥的办法(只要这样的发泄不致太放肆和乖张)。硬是不让体液排出,以及把脓血捂着不让流出,就会有引起毒疮和恶瘤的危险。

论到不满的事,埃匹米修斯⑩的角色倒与普罗米修斯相称,因为再没有比他们俩所做的更好的方法来预防不满了。埃匹米修斯在痛苦和邪恶飞出来时,终于把盖子盖上,并把希望关在了盒子底。无疑地,用巧计和权谋来培养及保持各种希望,并带领人们从一个希望到另一个希望,这是对不满之毒素的最佳解毒药之一。而且,一个贤明的政府和政举,其中一个确定的标志就在于,即使它不能使百姓心满意足而赢得民心,也能使其有希望之寄托而赢得民心;同时,这个政府能处事得法,以至任何困难都难不倒它,仿佛任何事都有希望之出路。这一点做起来不算难,因为无论是个人还是党派,都善于吹嘘自己,或至少敢于装出不信大难临头的模样。

另外,要有预测和预防措施,以阻止有条件相当的分子,出头成为心怀不满的人可跟随并团结在其旗帜下的首领。这是一个妇孺皆知的上策。我所指的可充当首领的人,是有气度和声誉的,为怀有不满之党派所信任的,且为其马首是瞻的人,而且他在其自身利益上也有所不满。对这样的人,要么就用切实可行的手法,使其被笼络并与政府和好,要么就使其在同党之内与其他人相争及对抗,从而削弱其声誉。总体来说,使一切于国不利之党派和集团有分化瓦解,或者至少有不信任,不失为一招。因为,如果赞成政府之政举之士充满不和及纷争,而反对者却齐心协力的话,情况就甚为危险了。

我注意到,一些出自君王之口的俏皮话引燃了叛乱之火。凯撒因那句"苏拉不识字,他不会'独裁'"[11]的话语,使自己受到不可估量的伤害,因为这句话使希望他迟早放弃独裁的人彻底绝望。加尔巴说他的士兵是征来的,而非雇来的。结果自己毁了自己的前程,因为这句话让军人们获犒赏的希望破灭了。下场同样的普罗巴斯[12]也坏在"我活着,罗马帝国就不用士兵了"这句使兵士大失所望的话上,如此等等,不一而足。当然,君王在棘手的事件上和敏感的时间上,应当慎言,尤其是那些只言片语,它们飞梭如箭,且被视为隐秘意图的泄露。倒是长篇大论平淡无味,反而不太受人注意。

最后,为防万一,君王当在身旁安排一位或几位有军事胆略的大将,以便在有叛乱之苗头时,即予消除。没有这些人的话,则动乱一起,宫廷即惊惶失措,一发而不可收拾。且政府随即面对着如塔西佗所说的那种情形,即"人心态乃如是:胆敢作恶者不多,期许作恶者不少,默认作恶者无所不在。"然而,这些军人当是可靠及有声誉的,不喜欢搞小山头和哗众取宠,又与政府中其他高官相协调。否则,用以治病的药比病本身更要命。

---

① 维吉尔(Virgil,公元前 70—前 19),古罗马之伟大诗人,著有史诗《埃涅阿斯纪》(Ae-neid),《农事诗》(Georgies),《牧歌》(Ecologies)。上文和下文所引述之诗句即出自其诗作。

② 凯斯(Caeo)和恩刻拉多斯(Enceladus),均是希腊神话中敢于众神反抗作战的巨人。

③ 亨利三世于 1572 年参与策划了对胡格诺教徒的大屠杀,以迎合当时天主教会中一股最有影响之反动虚伪的既得利益集团的需要,并随后为此加入所谓"神圣同盟"。该同盟名为捍卫信仰,残害新教徒(胡格诺教徒),实则为其教派争取贵族王位之继承权,性质与王权有直接的冲突。

④ 第十层天(Primum Mobile),为古希腊天文学家托勒密所创地心天动说中的最外层天体。培根时代之前不久,哥白尼的日心说刚刚发表。

⑤ 语出《旧约·以赛亚书》第 45 章第 1 节,另见《旧约·约伯记》第 12 章第 18 节记"他放松君王的绑,又用带子捆他们的腰"。

⑥ 卢坎(Lucan,公元 39—65),罗马诗人,著有拉丁史诗《内战记》,反对暴政。

⑦ 朱庇特(Jupiter):罗马神话中统治诸神主宰一切的主神,相当于希腊神话中的宙斯。

⑧ 帕拉斯(Pallas):希腊神话中的智慧女神,亦称雅典娜。(见本书《论爱情》篇注④。)

⑨ 布里阿柔斯(Briareus):希腊神话中百手三巨人之一。

⑩ 埃匹米修斯(Epimetheus),普罗米修斯之弟。

⑪ 苏拉(Sylla),凯撒之前的罗马独裁者。"独裁"原文是 dictate,该字的另一意思是"听写",这是一句双关语。

⑫ 普罗巴斯(Probus),公元 27—282 年间,古罗马皇帝,为叛军所弑。

论无神论

我情愿相信《众圣传》①、《塔木德》②及《可兰经》③中的所有传说,也不愿意相信这个宇宙的构成是没有灵的。所以说,要使无神论者悔悟,上帝日常的工作即可达到目的,而无须另行制造奇迹。

粗浅的哲学确实使人倾向无神论,但发展至精深的哲学,则使人心又皈依到宗教上去。因为当人的心思专注在一些散乱的第二动因上时,他有时就有可能陷在其间而不得深入;但当它将所有散乱的第二动因串联贯通时,它就肯定会向往上帝和最崇高的境界。

此外,即使是那受指责最甚的无神论哲学学派,即留基伯、德谟克利特和伊壁鸠鲁④一派的原子论学派,其实也在论证宗教之正确的作用最大。因为有学说认为,这宇宙之秩序和美妙的原因,是由四种可变元素和一种不变的第五要素组合形成的,并不需要神;而原子论学派认为,其原因是由一大群无限又无定位的原子或微粒,在没有神的统领之下组合而成的;相比之下,前者要比后者之无神论内容更名副其实一千倍。

《圣经》上说"愚顽人心里说没有神"⑤,而不是说:"愚顽人心里想";有鉴于此，与其说愚顽人心里说到就想到，不如说他完全可以相信有上帝，或者可以说服他相信有上帝。因为，除了那些主张无神论可为自己捞油水的人之外，没有人否认上帝的存在。

无神论者喋喋不休地大谈他们的观点，好像他们自己都自觉底气不足，情愿靠别人的认同来给自己打气似的，由此完全可见无神论者是口是心非的。不仅如此，无神论者也像别的宗教教派那样努力吸收信徒，而且，至关重要的是，他们中的一些人为无神论受苦而不反悔；然而，要是他们果真相信没有神这样事物的存在，他们何必要为难自己呢？

伊壁鸠鲁曾断定有神灵的存在，但却说神灵是逍遥自得，不问世事的。因此他被指责是在为着个人声誉的缘故而故作姿态。大家说他明明心里想的是没有神，却见人说人话。但这肯定是把他看扁了，因为他说过这样高贵而敬虔的话："不认世俗之神灵，并非不敬神；而以世俗之观点强加于神灵，才是不敬神。"就连柏拉图⑥也说不了比这更精彩的了。而且，伊壁鸠鲁虽有胆量否认神的权能，却无能力否认神的本性。

西印第安人虽无称呼上帝的名字，还是有称呼他们诸神的名字的，仿佛异教徒有朱庇特、阿波罗、马尔斯⑦等等名字，却没有了上帝这个名词了一样。这表明即使是那些野蛮人也还是有神的观念，尽管，他们这个概念不够深入、明晰。所以，在反对无神论这件事上，甚至连地道的野蛮人也是站在最敏锐的哲学家一边的。

深思熟虑的无神论者是罕见的；迪亚哥拉斯⑧算一个，彼翁⑨算一个，卢奇安⑩也许也算一个，再有其他几位而已，但他们看上去还是显得人多势众。因为凡是与公认的宗教或者迷信唱反调的人，都会被反对者扣上无神论的帽子的。但是名副其实的无神论都是货真价实的伪君子，他们总是搬弄神圣的东西而无动于衷，因此，他们必定最终是要麻木不仁的。

无神论的成因是：宗教分成许多宗派，因为若只是一分为二，分派就会使两边都增加热情，但分派多了，就会引起无神论了。另有一个原因是教士的丑闻，有如圣伯尔纳⑪所说的情况一样："我们现在不能说教士和民众一样，因为民众实际上没有教士那样坏。"第三个原因是嘲弄神圣事物的亵渎的风习，它一点一点地损坏了宗教的尊严。最后一个就是在学者当道的时代，尤其是当社会同时享有太平和繁荣的时代。因为动乱与逆境使人对宗教更加心仪。

不认神的人，是在毁坏人的尊贵，因人就其肉体而言无疑是与禽兽接近，这样，人就是一种卑贱下作的动物了。无神论就是与此相仿地在破坏人品的高尚和人性的升华。以狗为例，当它发现自己在受人的喂养的情况下，表现得多么大方和无畏；这个人对于它就是一位神灵，或是一种更高超的灵性。如果没有了对高过自己的灵性的信心，狗这种动物肯定远远不能如此无所畏惧。

人也同样如此，当他信靠神灵的庇护和恩待，并为之心满意足的时候，就能凝聚出一种人所没有的力量和信心来。因此，从任何一方来看，无神论都是可恶的；同样地，无神论剥夺了人性所赖以超越自己弱点的手段。这一情况表现在个人身上，也表现在国家身上。从未有任何国家的壮大有如罗马一样，对于它，西塞罗⑫曾说："我们是多么自豪，元老院议员们，我们虽然在人数上不如西班牙人，体力上不如高卢人，机敏上不如迦太基人，艺术上不如希腊人，就连在这土地和这个国家的生就的热爱上，我们也不如土生土长的意大利人和拉丁人。但在敬虔上，在宗教上，以及在认识到万物皆受制于神的意志那个惟一的大智慧上，我们是领先于所有民族和国家的人士。"⑬

---

① 《众圣徒》(The Legend)是一部发表于 13 世纪的，记述基督教教会史中著名圣徒之奇迹轶事的名著。

② 《塔木德》(Talmud)是犹太教的三大典籍之一。对犹太教而言，其第一部典籍《塔纳赫》(Tanakh)是永恒的圣书。而《塔木德》之权威仅次于此，旨在从生活性上和实用性上提供具体的宗教生活和为人处世的指导。它更像一部百科全书，汇有多种神奇的历史人物之轶事传记。《塔纳赫》亦即是基督教所信奉的《圣经·旧约》。

③ 《可兰经》(Alcoran)是伊斯兰教之经典。

④ 留基伯(Leucippus，公元前 470—前 360)是最早期的原子论学者，与德谟克利特(Democritus，公元前 460—前 370)和伊壁鸠鲁(Epicurus，公元前 342—前 270)这些哲学家们一起，一直都被认为是此类学说的代表人物。

⑤ 《旧约·诗篇》第 14 篇第 1 节。

⑥ 柏拉图(Plato)，古希腊伟大哲学家。

⑦ 阿波罗(Appllo)，希腊神话中日神；马尔斯(Mars)，神话中战神。

⑧ 迪亚哥拉斯(Diagoras)，公元前 5 世纪雅典学者，因亵渎神灵被判死刑。

⑨ 彼翁(Bion)，公元前 3 世纪希腊哲学家，从事写作并极尽亵渎上帝之能事。

⑩ 卢奇安(Lucian)，公元 2 世纪著名作家，到处批判创造论。

⑪ 圣伯尔纳(St. Bernard)，11 世纪法国教士。

⑫ 西塞罗(Cicero，公元前 106—前 43)，罗马大文豪，政治家。

⑬ 此篇文章体现了培根对素朴无神论的攻击，表现了欧洲中世纪特有的宗教情结。其中的历史局限性显而易见。

论迷信

对于神，宁可什么都不说，也好过说些不三不四的话。因为前者是不信，后者则是不敬；无疑，迷信①则是对上帝的侮辱。对此，普卢塔克②说得好，他说："我宁愿众人说世上根本就没有普卢塔克这个人，也不愿他们说是有一个普卢塔克，他在儿女一生出来时就把他们吃掉了。"就像诗人谈论萨杜恩③的情况一样。而且，对上帝的无礼程度越大，对人的危害程度就越大。

无神论把人类交托给了理性、哲学、骨肉亲情、法律和功名，这些东西虽然不含宗教，却可以成为一种外在的美德。但是，迷信是在拆毁这些东西，并在人心里建立一种独裁的专制。所以，无神论从来都没有危害过国家，因为它使人克己自制，不问不关己之事。进而，我们得见那些倾向于无神论的时代，如奥古斯都·凯撒的时代，都是文明盛时。但迷信却一直都是许多国家的孽源，它引来了一个新的第十重天，可强行干扰政府这类天体的运行。迷信的大师乃是民众，凡有迷信之处，都是智者跟从愚夫，理论掉转次序地要对实践削足适履。

在由经院派哲学家④之信念占很大影响力的特兰托公会议⑤上，有些主教却郑重其事地说："经院哲学家就像是天文学家。当天文学家虚构出诸如离心圈、本轮及类似的轨道论,用以解释天文现象时,他们知道这些东西是莫须有的。"并且,经院哲学家沿用此手法,创立了许多复杂、奥妙的原理和定律,用以解释教会的实践生活。

迷信的原因有多种:礼仪上,重愉悦和感官感受;外貌上,重形式和法利赛人式⑥的虔诚;传统上,重过往习俗,以至于给教会加重负担;人事上,主教们千方百计地谋算个人的野心或利益;心理上,重出发点之良好,以至于为自大和标新立异大开方便之门;神学观上,以凡人之心度神圣之事,以至于产生了混乱的妄想;历史处境上,既是时值蛮荒时代,同时又遇见了天灾人祸。

毫无隐讳的迷信是一种丑恶的东西。如同一只猿猴太像人了就只会丑上加丑一样,迷信到了好似宗教的时候就更加丑恶了。而且,如同好肉腐坏而生出许多蛆虫一样,上好的典章和律例腐坏了就会变成许多繁文缛节。对以往既成的迷信,当人以为避得越远越好时,就会出现为排除迷信而产生的迷信。因此应当提防的是,如同在清除体内病患的手法一样,千万不要把好的东西同坏的东西一齐去掉了。而这种蠢事,在凡夫俗子出面实行改革时,就往往会干得出来的。

---

① 迷信(Superstition)在此处所指西方社会历史中,宗教生活以手段来取代目的的偏颇。它不同于中国人生活的迷信,那是出于乱拜偶像的泛神观念。

② 普卢塔克(Plutarch,公元46?—120?)古希腊传记作家、散文家,有《希腊罗马名人比较列传》等名著传世。

③ 萨杜恩(Saturn),罗马神话中之农神,常被误会视为希腊古神克罗诺斯(Cronus),该

古神因听信其子将篡位,遂于儿女诞生时即吞噬之。

④ 经院哲学家(Scholman)是中世纪中最有影响力的思想家,他们致力于把思想纳入一种逻辑的形式中。因为经院哲学(Scholasticism)源于修道院和大教堂学校中的神学研究,故最典型的是以亚里士多德之逻辑学去思考基督教信仰的问题。其兴盛期自九世纪直至十四世纪。经院哲学家中不乏思想巨人,如阿奎那等,但令人啼笑皆非的是,他们在方法论上的严谨和信仰的认真,却成了很多人信仰上帝的障碍。

⑤ 特兰托公会议(Council of Trent)是由教皇于1545年召集的天主教第19次公会议,力图联合各派势力打击宗教改革力量,并在内部实行调整。会期共历时18年。

⑥ 法利赛人式(Pharisaical)一般常被视为外表虔诚,内心冷漠的伪善之代名词。《新约·马太福音》第23章所记耶稣的质疑,就是针对于此的。但耶稣实际上并非针对法利赛人,而是针对一种将律法限于外表的教条。因为法利赛人作为犹太教中的文士阶层,代表着早期的主流犹太教,他们极关心礼仪上的洁净(见《新约·马可福音》第7章第1至第4节),并对律法之注释极其认真,使他们即使是在犹太人中,也甚为突出。但正因此,其中有些人就自高自大,自以为义,反而成了耶稣一再提醒的对象。

论游历

游历对于年轻人而言是一种教育，对年长者而言是一种经验。到一个国家去游历，当在学会该国语言后动身，否则，他就不是去游历。我认为，少年人在私家教师或稳重的家仆的带领下去游历是适当的；只要那私家教师或家仆懂该国语言，以前又去过该国就行，这样他就可以告诉少年人在这个所去的国家中，何处值得一看，何人值得一交，何种训练和锻炼值得一试。不然的话，少年人上路有如眼上罩了一块布，什么也看不到。

一个奇怪的事情是：人在海上航行时常爱写日记，而那儿除了天空和海之外，没有什么可看的；但在陆地上旅行时，看到的事多得多了，人却省略了许多写日记的工夫；好像偶然入目的事情比专心观察的事情更适合于记录下来似的。所以，写日记还得养成习惯才行。

游历中当游览和参观的事是：王宫，特别是在君王接见外国使节的时候；正在开庭审案的法庭；以及同样场景的宗教法庭；教堂和寺院，及其遗存在那儿的纪念物；城墙和城堡以及港口和码头，名胜古迹，图书馆，学院，答辩会，演讲会，有什么都行；船舶和舰队，大都市郊区富丽堂皇又赏心悦目的房屋和花园，军械库,兵工厂,弹药库,交易所,货栈,骑术训练,剑术训练,练兵以及类似的事;上流阶层人士时常光顾的剧院,放置珍宝和礼服的宝库,博物馆中的珍品和奇物;以及,他们所到之处的所有总而言之值得记忆的东西,反正是由私家教师或家仆去对这些事做调查咨询的。至于那些庆典、舞会、宴会、婚礼、丧礼、行刑以及类似的场景,是无须放在心上的,虽然它们也是不能视而不见的。

如果让一个少年人到一个小范围的地区去游历,并在短期之内获益良多的话,就得照下述要求去做:首先,如前所述,他须在上路之前学会该国语言。其次,他得有一位熟悉该国情况的家仆或私家教师,如先前提过的那样。让他随身带上一些描述他前去游历之国家的资料或书籍,以备游览中遇有查询时之需,也要让他坚持记日记,不要在一城或一镇中呆久了,或长或短,当视该地区值不值得而定,但总之不要时间过长。不仅如此,住在一个城市或镇上的时候,他也应该换一换地方,从城市的一端或一处搬到另一处,这样才最有机会多结交一些人。让他和其本国人分开,并到能遇见所在国的上流人士的地方去用膳。当他从一处搬到另一处时,他就得设法得到引荐,去见新搬入地段的某些名流,以便在他所想参观和了解的事上有所帮助。这样,他既可缩短游历之时间,又同时得到很多收获。

至于在游历当中当去结交的人,其中最有用的就是大使的秘书或雇员,因为这样一来,他虽身在一国游历,却吸收了许多人的经验。还应让他去拜访并谒见那些在国外大名鼎鼎的名流,看看这些名人的为人与其名声相符到何种程度。

与人争吵的事,应当小心谨慎地避免。因为女人、祝酒、座次及用词不当之类，通常都会引起争吵。而且，应当留意如何与争强好胜之人相处，因为这些人会把他卷入到他们自己的争吵中的。

当游历者回国时，不要把他所游历过的国家全都抛之脑后，而应当用信件和那些最有价值的朋友，保持通信联系。并且，宁可将他的游历反映在他的言谈中，也不要反映在服饰和举止上。而在言谈上，与其自告奋勇地抢述见闻，不如审慎答问为好。还有，他应该表现出来他没有用外国之习惯来替代本国之习惯，而仅仅是把他从外国学到的东西，择优融入其自己本国的习惯中。

论王权

对很多事都提不起兴趣，又对很多事都犯愁的心态，实在是一种可怜的情况。但这却常常就是帝王们的处境。帝王们尊贵之极，无所欲求，故心智愈益郁闷；加之身边险情不断，心境更加开朗不起来。这也是《圣经》所谓"君王之心深不可测"①的原因之一。无论何人，如猜忌太多，且又没有什么特别可支配和调动其他情绪的欲望，其心就会变得难以捉摸。

所以，君王常常激发自己有所追求，并用心在一些小事上：有时用于一座建筑，有时用于立一个祭坛，有时用于提拔一个人，有时用于学习一技之长。如尼禄②之弹琴；图密善③之射箭；康茂德④之击剑；卡拉卡拉⑤之驾车等等，莫不如是。很多人对此感到莫名其妙，那是因为他们不了解这一原理："在细微小事上有所作为，也比宏伟大业中无以进取，更能使人心得到激发和振奋。"我们也见到，那些早年就南征北战、称王称霸的君王，也不可能无限地进取，故在成功的前头，肯定会最终遇到一些挫折和阻碍，转而在后期变得迷信和忧郁，如亚历山大大帝⑥，戴克里先⑦和我们记忆犹新的查理五世⑧，以及其他帝王的所作所为一样。那些惯于一路顺风的帝王一旦碰了钉子，就会丧失自尊，故我不再了。

在此谈谈王权的中庸之道:这是一种难得又难以维持的事,因为就其恰当的使用和失当的使用方面,两者都包含着矛盾之处。但对于矛盾的处理却有不同,前一种是兼容并用的融合;后一种则是时此时彼的反复。阿波罗纽斯⑨回答韦斯巴芗的话中是蛮有远见卓识的。韦斯巴芗问他:"导致尼禄被推翻的原因是什么?"他答道:"尼禄擅长弹琴,也善于为琴调弦定音;但在政治上,他有时把调弦的轴钉上得太高,有时放得太低了。"无疑地,用权时紧时松,反复无常,有时专权,有时放任,才是最有损权威的了。

的确,所有近代有关君王巩固其霸业的权术,多是些针对迫在眉睫的危难和祸患予以消灾或避难的计策,而不是防患于未然的治本之方略。但是,这样做顶多是在和运气比试高低,而且,应当提防的是,不可忽视或姑息动乱因素的酝酿,因为谁也不能彻底扑灭星星之火,也说不定它会从哪儿来。君王巩固其霸业的困难又多又大,但其中最大的困难往往是在他们的内心中。塔西佗说君王们作出一些彼此矛盾的决定乃是司空见惯的事:"君王们的欲望通常都是强烈而又自相矛盾的。"因为,权力的误区就在于其对于达到目的是向往的,而对经过的过程是不能忍受的。

帝王们必须要和邻国、后妃、子女、主教或教士、王公、贵族或绅士、商人、平民和武士打交道,如不小心谨慎地话,上述这些方面都有发难之可能。

首先谈邻国的问题。这方面情况变化多端,除了一条一直适用的定理之外,别无其他什么通则可言。那定理就是,君王确应保持足够的防卫力量,毋使任何邻国借扩张领土、或促进贸易、或屯重兵于边境等等方式,发展过于强大,以至造成对本国空前的威胁。对此事的预测和预防,乃是政府一些常设参议机构的任务。在由英王亨利八世[10],法王弗兰西斯一世[11]及神圣罗马帝国查理五世三雄共同执政统治欧洲的时期,确实建立了这样一个监督机制,以至他们三人之中谁都不能扩张寸土。若然果真有谁有寸土之增,另两位即刻会以结盟,或在必要时诉诸武力,将此事扳平,而绝对不会为一时之绥靖甘受任何损失。同样的事也发生在那不勒斯国王斐迪南[12],佛罗伦萨统治者洛伦佐·美第奇[13]与米兰统治者卢多维库斯·斯福尔轧[14]之间的那个联盟(圭恰迪尼[15]称其为意大利的保障)。千万不要听信某些经院哲学家的意见,他们说唯有在事先受到伤害或侵犯的情况下才能开战,否则就师出无名。其实,纵然未受到打击,但当有充分的根据,显示祸患已临近时,就已具备了开战的正当理由。

关于后妃的问题,她们之中不乏残酷的事例。丽维亚因毒死其丈夫而臭名远扬,苏莱曼[16]的王后罗克索拉娜[17]害死了那位著名的儿子穆斯塔法苏丹,并同时为王室和王位继承的问题造成了麻烦。英王爱德华二世的王后是废黜和暗杀她丈夫的主谋[18]。当后妃们阴谋要立自己的亲生的儿子为君,或她们有外遇的时候,多半就会产生这种可怕的危险。

关于子女的问题,来自他们的危险引致的悲剧,同样也一直是层出不穷的。一般来说,父亲陷入对儿子的猜疑总是不幸的。我们前面提到:穆斯塔法之死毁了苏莱曼王族,因为土耳其王位的继承,自苏莱曼之后直到今日,都有不正统的嫌疑,恐怕混有外来的血统;谢利姆二世就被看成是私生的。一个非常有出息的青年王子克里斯帕斯[19]为其父君士坦丁大帝[20]所处死,也同样地毁了他那个王室,因为君王坦丁大帝的另两位儿子,康斯坦丁那斯和康斯坦斯,均死于非命;他还有一个儿子,康斯坦修斯,下场也不怎么好,他固然是病死的,但那是在尤里安对他同室操戈之后的事。马其顿国王菲利普五世之子德末特里厄斯之死给他父亲带来了报应,他父亲悔恨而死。㉑与此相似的例子很多,但为父的可得益于这种不信任的例证,都是绝无仅有或根本没有的,除非为子的公然举兵反叛。如苏莱曼一世征讨巴雅泽提㉒,以及英王亨利二世征讨其三个逆子的事那样。㉓

关于主教的问题,当他们权势显赫的时候,也是有危险的,如在坎特伯雷大主教安塞姆斯㉔和托马斯·贝克特㉕的时代就是如此,他们两位几乎是以其教主之权杖来审理国王的刀剑,而他们不得不面对的,则是顽固不化而又刚愎自用的君王威廉·鲁弗斯㉖、亨利一世和亨利二世。这样的危险并非来自那个阶层本身,而是来自他们对外国权势的仰仗,或者来自这样一些地方,那里的教士的任职和甄选,非由国王钦定或特别的祝圣团授任,而是由民众拥护选出的。

关于王公的问题。对他们有些敬而远之并不为过,然而,压制他们会强化王权,但却减弱君王的安全感,以及为所欲为的能力。我在拙著《英王亨利七世》已对此有述,亨利七世㉘是压制他的王公们的,结果在他的时代,却是麻烦和难题不断。王公们虽然始终忠于他,但却在其事业上不予合作,以至于结果上,他得硬着头皮,事无巨细地凡事都要亲力亲为了。

关于低一层的贵族的问题。他们作为一个松散的团体,是没有什么危险性的。他们有时会高谈阔论,但却无伤大雅,而且他们是上层王公们的一种制衡力,使之不至发展到过于壮大,说到头,作为最直接接近大众的有权势的阶层,他们能最有效地舒缓民众的不满。

关于商人的问题。他们相当于"门静脉"㉙,要是他们不活跃，王国即或有完好的四肢，但其血管也是供血严重不足，营养甚为不良。对他们所征课的税费无助于君王的收益。因为小事有得，则大事有失；个别税率增加了，则商业总额减少了。

关于平民的问题。只要他们没有突出而明智的领袖为他们带头，或者君王不干涉其宗教观念、习俗和生活方式，他们是没有什么危险性的。

关于武士的问题。要是他们保持着一种团体的生活，对犒赏习以为常的话，那就是有危险性的。对此，我们可从土耳其禁卫军士兵和罗马禁卫队见到相应的例证。但是，对一些人加以训练，分别在不同的地点服役，并交由不同的指挥官统领，取消犒赏，那就成为国防的力量，而不会有危险。

君王们有如天际的星宿，能带来繁荣富裕的时代，也能带来衰败贫弱的时代，他们备受人的敬奉，却不得片刻安宁。所有针对帝王的箴言，实际上都蕴涵在这两句提示中："记着你是人"以及"记着你是神或神的化身"。前一句用于约束他们的权力，后一句用于约束他们的欲望。

---

① 语出《旧约·箴言》第 25 章第 3 节，该句现译为"天之高，地之厚，君王之心也测不透"。
② 尼禄（Nero，公元 37—68），古罗马暴君，自命诗人、琴师。
③ 图密善（Domitian，公元 51—96），公元 81 年即位罗马皇帝，专横暴虐，穷兵黩武，卒被其妻和叛军弑于公元 96 年。
④ 康茂德（Commodus，公元 161—192），公元 177 年即位罗马皇帝，自比大力神，常去斗兽场充当角斗士，被一摔跤冠军勒死。
⑤ 卡拉卡拉（Caracalla，公元 188—217），公元 211 年即位罗马皇帝，杀弟害贤，暴虐无道，于公元 217 年被护卫军所弑。
⑥ 亚历山大大帝（Alexander the Great，公元前 356—前 323），20 岁时即马其顿王位，师从亚里士多德，先后征服希腊、埃及和波斯，并侵入印度，建亚历山大帝国。

⑦ 戴克里先(Diocletianus,公元243？—316？),于公元284年为部下推为罗马皇帝,时罗马帝国分裂,王权分属四人,其一,分治东方,后厌倦政治而退隐。
⑧ 查理五世(Charles V,公元1500—1558),于1516年即位西班牙国王(称查理一世),1519年即神圣罗马皇帝位(即查理五世),为欧洲十六世纪最有势力之君王。晚年皈依基督教,于1556年禅位,刻苦修身。
⑨ 阿波罗纽斯(Apollonius),一世纪希腊著名学者。
⑩ 亨利八世(Henry Ⅷ,1491—1547),1509年即英王位,1533年,不顾教皇反对,离异王后另婚。遂于翌年,为加强王权,令国会通过"至尊法案",自立为英国国教首脑,脱离罗马教廷。
⑪ 弗兰西斯一世(Francis Ⅰ,1494—1547),1515年即法王位,同年进军意大利获胜,多次发动反查理五世的战争。
⑫ 斐迪南(Ferdinando King,1452—1516),于1504年即位那不勒斯国王为斐迪南三世(Ferdinand Ⅲ),奠定西班牙统一基础,设宗教裁判所(1478年),支持哥伦布横渡大西洋。
⑬ 洛伦佐·美第奇(Lorenzius Medices,1449—1492),佛罗伦萨统治者(1469—1492),诗人和艺术保卫者。
⑭ 卢多维库斯·斯福尔轧(Ludovicus Sforza,1452—1508),米兰公爵(1494—1500),极力保护艺术家如达·芬奇等,1500年为法王俘获,死于囚中。
⑮ 圭恰迪尼(Guicciardine,1452—1540),意大利知名史家。
⑯ 苏莱曼(Solyman,又称Suleiman Ⅰ,1495?—1566),奥斯曼帝国苏丹(1520—1566),在位时强权扩张,使奥斯曼帝国达到鼎盛时代。
⑰ 罗克索拉娜(Roxolana),挑唆苏莱曼一世杀皇太子穆斯塔法,立其亲生子谢利二世继位。因他相貌与先王迥异,故其血统一直备受质疑。
⑱ 爱德华二世(Edward Ⅱ),因王后及其情夫的串谋,于1327年被废黜并遭杀害。
⑲ 克里斯帕斯(Crispus),君士坦丁大帝与前妻所生的独生子,17岁被任命为凯撒,因其后母诬告他调戏,而遭父王赐死。
⑳ 君士坦丁大帝(Constantinus the Great),公元306年即罗马皇帝位,于公元312年信耶稣。公元337年死时传位给其三子康斯坦丁那斯、康斯坦斯和康斯坦修斯,后引起弟兄间的争杀。
㉑ 菲利普五世(Philip Ⅴ),马其顿王,听信谗言错杀爱子,后悔恨致死。培根此处原文明显误写为菲利普二世(Philip Ⅱ),译文纠正为五世。
㉒ 巴雅泽提(Bajazet),苏莱曼一世与罗克索拉娜所生王子,叛父事败后受诛。
㉓ 指1172年—1173年亨利二世的三个儿子联合反叛之事。
㉔ 安塞姆斯(Anselmus,1033?—1109),欧洲中世纪神学家,早期经验哲学主要代表人物,1093年任大主教。因拥护教权屡与国王抗争,任内以改革派著名,神学上在处理信仰与理性之关系观上,提出著名的"我信故我懂"论断。
㉕ 托马斯·贝克特(Thmas Becket,1118—1170),英王亨利二世之枢密大臣,因其忠诚,为王强力推荐于1162年出任大主教,结果移忠于教会,从国王之恭顺忠臣一变而为不屈不挠维护教会的战士,反对国王之控制教会,终因此于1170年被杀害于他自己所事奉的祭坛前。
㉖ 威廉·鲁弗斯(William Rufus,1056—1100),英王。
㉗ 亨利一世(Henry Ⅰ),亨利二世(Henry Ⅱ),均为英王。
㉘ 亨利七世(Henry Ⅶ),英王,为人多疑,但勤政有志。
㉙ 门静脉(Vena porta),通向肝脏的静脉。但在培根时代的旧医学概念中,此门静脉将乳糜聚收一处,再分达各体。

论迟误

    命运如同集市,集市上往往有多等一会就会降价的事。与此同时,命运在另一方面也像西比拉的开价卖书一样,先是整套叫卖,随后便一部分接一部分地减少,仍坚持索要同样的价钱①。如俗语所说,"机会这婆娘,她先把前额的头发显现给你抓,而你抓不到的话,她就转而变成秃头给你看了。"或者,机会至少会先给你个瓶子把手给你去拿,不拿的话,它就再给你个很浑圆的瓶肚让你去拿,那是很难拿住的。在事情的起始和开端,就把握好时机,才是最明智的。

    初看危险不大的事,其实危险已不小;被欺骗比被强迫的危险要大。不仅如此,尽管危险未迫在眉睫,最好还是迎头而上,半路截击,而不要呆着眼巴巴干等它的临近,因为人看久了,倒有可能麻痹大意。反过来,另一个极端是当月光低照着敌人背面的时候,就会有过长的影子使人受蒙骗,上了这过长影子的当,也会擦枪走火,或出击过早而招致危险。

    如上所述,时机成熟与否一定要时时权衡。一般来说,凡有重大行动,最好派百目巨人阿尔戈斯一马当先②,再派百臂巨人布里阿柔斯断后。前者当机立断,后者速战速决。明智的人可受益于那个隐形的普路托之盔③,这盔可使策划时隐而不宣,使行动时雷厉风行的。因为当事情到了非做不可的地步,迅雷不及掩耳就是最好的隐秘之术;就像一粒子弹在空中飞驰而过,速度之快,非人眼可及。

---

① 这是传说中古罗马塔奎泥乌斯(Tarquinius)王朝之逸事,有老妇西比拉(Sibylla)曾以九卷成套之典籍呈卖于塔奎泥乌斯王,王嫌价高而拒。老妇遂毁其中三卷,再呈六卷,索价如前,王再拒。妇再焚三卷,复呈余下三卷,并索要原价。王感惊异,责策士咨询,始知此为预言未来大事之奇书,遂以原价购下残卷。
② 阿尔戈斯(Argus),希腊神话中的百眼巨人。
③ 普路托(Pluto),希腊和罗马神话中的冥王。其盔可隐形。

论狡猾

　　狡猾被看成是一种欺骗性的或歪门邪道式的聪明。狡猾的人和聪明的人当然有天壤之别,这区别不仅是在诚实的特点上,而且也在才干的特点上。有人会洗牌,但打得不好;同样,有人擅长结党营私,但在别的方面却软弱无能。而且,精通人情世故是一码事,长于处事待物又是一码事;许多十分善于察言观色的人,却在处理实际具体的事务上无能为力,这就是那些琢磨人多过琢磨书之类人的通病。这种人与其说是适于出谋划策,毋宁说是更适合于做诡诈的算计;而且,他们的特长只适合用于他们自己的家门口。让他们去试试陌生人,他们就什么都摸不着了。以前曾有这样一条分辨愚智的准则:"把他们两个脱光了送到生人面前去,你就看明白了。"其方法对于这类人恰好适用。既如此,鉴于这些狡猾的人好像杂货铺的小贩一样,我们不妨将其货色罗列出来。

　　狡猾的特点之一,是在其与人谈话时要对人察言观色。就像耶稣会①在其会规中所说的一样:世上有许多聪明人心里藏得住事,脸上却藏不住。不过,察言观色时,也要像耶稣会会士的做法一样,有时要一本正经地垂下双目。

另一个特点是,当你有急事要即刻处理时,先要对你所交涉的对象东拉西扯些题外话,使其无所戒备去推托你的请求。我认识一位担任顾问和书记官的人,当他拿着许多文件来请伊丽莎白女王签名批复时,总是无一例外地和女王谈论一下国事,这样,她就不太在意那些文件了。

　　当人在忙乱之中,不能认真思考的时候,趁热打铁地对他做出相应的提议,可以达到同样出其不意的效果。

　　如果因担心别人会巧妙而有效的提议某事,欲对其予以阻止时,最好就是假装自己很赞同该事,并主动提议,但这提议却是要用使其不能得逞的方式提出。

　　有人话到嘴边却突然打住,好像有所克制似的,这更能撩起你对所谈话题的兴趣,更想追根究底了。

　　无论什么话,如果是在追问之下得来的,总比你主动倾吐出来的要更具影响力。因此,你可设一个钓问题的诱饵,手法是装出一副不同寻常的脸色,好使别人有一个关心你何以变色的机会;就像尼希米所做的那样:"我素来在王面前没有愁容。"②

　　对于难以启齿和令人尴尬的事,最好先让人微言轻者开口打破僵局;并让说话有分量的人装做碰巧了的样子,以便被人问及时提出看法。纳尔西索斯在向克劳狄亚斯举报迈莎利娜和西鲁斯的婚事时,就是这样做的③。

　　对于不想把自己牵扯进去的那些事,一种狡猾的特点就是借用别人的名义,譬如说"人家说……"或"外面有人说……"。

　　我认识一个人,他写信时,总是把最重要的事写在附言里,好像那是一件捎带着要说的事一样。我还认识一个人,他说话时,总是跳过他心中最想说的话,先说下去,回头再掉过头来说,好像是在说一件差点要忘的事一样。

有人为说服人，就在等着对象一旦出现时，故意装出诧异的样子，让人看见其手里还正拿着一封信，或者做些不常做的事，好等到那人问起，然后就可畅所欲言了。

狡猾还有一种特点，就是有人自己散布些话，供别人去学舌和传播，然后再从中渔利。我知道在伊丽莎白女王的时代，有两个人去竞争一个大臣的职位，他俩交情不错，且常为此互相商量。其中有一个说，在王权衰落的时代出任一位大臣是一件苦差，故他对此不大热衷。另外一位立即就学用了这些说法，同他的多位朋友高谈阔论，说他没有冲动的理由在王权衰落的时候当个大臣。先前那个人抓住这个把柄，设法传给女王；女王一听"王权衰落"一说，大为反感，从此之后，再也不愿听取另外那个人的请示了。

有一种狡猾，我们在英国称之为"锅里翻饼"④，即把自己对别人说的话，赖做别人对自己说的。说实话，像这类发生在两个人之间的事，谁是始作俑者确实说不清。

有人有这么一招，就是用眼瞥一下他人，再以否认的语气自我开脱，借以指责他人；譬如说："我才不干这种事。"正如提戈里努斯⑤对布尔胡斯⑥的所作所为一样，说他"可不像（布尔胡斯）那样对反对派抱有希望，而仅仅以皇帝的安全为念"。

有人满腹是现成的奇闻逸事，当他们需暗示什么事时，便能把它编进一个故事里；这样做既可保全自己，又可使人对此津津乐道。

有人先用自己的话和意思框出自己希望得到的答复来，也实为狡猾的特点之一，因为这样做，对方就不怎么固执于自己的意见了。

不可思议的是,有人在表达欲提及的正题之前,等待很长的时间,东拉西扯的话题弯来绕去。这样做无非需要极大的耐心,但却非常有用。

一个突如其来的、大胆而出人意料的问题,的确在很多情况下能使人措手不及、防不胜防地袒露其心态。如同一个隐姓埋名的人在圣保罗大教堂⑦赶路时,另一个人突然来到他背后直呼其名,他会立刻回头看看的。

狡猾的这些小货色是不胜枚举的,把他们罗列一下确是一件好事,因在一国中,危害最大的,莫过于误把狡猾充当聪明。

但无疑地,有人对事是知其然而不知其所以然的,就像一幢房子有便利的楼梯和房门,却没有适用的房间一样。故此你可以看到,这样的人有时在结论上歪打正着,但却一点不明就里或分辨全局。然而,他们通常大多因平庸而捞到好处,还要使人当他们是栋梁之材。有人做事主要在于玩弄他人,而且,用我们现在的说法,即是靠要手腕,而不是靠自己脚踏实地的。但所罗门说:"通达人的智慧,在乎明白自己道,愚昧人的愚妄,乃是诡诈。"⑧

---

① 耶稣会(Jesuits),由罗耀拉的圣依纳爵(Ignatins of Loyola, ST, 1491—1556)于1535年创立于巴黎。1540年经罗马天主教廷批准。其最初以三项主要工作为中心:教育、反对新教和在新地区开展布道工作。整个南美洲和东南亚的传道工作,主要得益于该会,明末来华传教的利玛窦就是受该会的差派。它注重灵修,故初期在欧洲也落了个"可怕和难以对付的反改革突击队"的名声。时过境迁,今日之耶稣会在世界各地都有美好的事工。培根在此的影射有偏颇之处。
② 语出《旧约·尼希米记》第2章第1节。

③ 纳尔西索斯(Narcissus),古罗马皇帝克劳迪亚斯之侍臣,闻皇后迈莎利娜(Messalina)与其情夫西鲁斯(Silius)行秘密婚礼,即着宫女先报,后做详奏。

④ 此话原作为"The turning of the cat in the pan",直译为"锅里翻猫"。英国有专门研究培根的专家注明"猫(Cat)"为"饼(Cate)"之别字之误。

⑤ 提戈里努斯(Tigellinus),系古罗马皇帝尼禄之宠臣,刻意陷害素来规劝皇帝改邪归正的太师。

⑥ 布尔胡斯(Burrhus),尼禄皇帝的太师终被尼禄皇帝毒死。

⑦ 圣保罗大教堂(Paul's):指该处前面的大广场,为伦敦市中人聚集最多的闹市区。

⑧ 语出《旧约·箴言》第14章第8节。

论自我打算

　　蚂蚁是一种善于为自我打算的动物,但它在果园或花园里就是一种有害的东西。因此,过于自私自利的人一定会损害大众的利益。人当藉着理性既自爱,又爱人;不自欺,亦不欺人,特别是对君王和国家更当如此。

　　人以个人自己为其行动之中心是不足称道的。那正好和地球一样,因为天体中,只有地球是围绕着自我中心而动的,其他的天体都是围绕着别的天体而动的,并从中得到支持的①。对于一位在位的君王而言,凡事以自我为中心情有可原。因为君王自身并不仅代表其个人而已,而且,君王之善行及恶举都是与社稷之安危息息相关的。但是,对于君王的臣仆或共和制度下的公民而言,凡事以自我为中心,则是一件罪大恶极的坏事;用这样的人,无论处理何事,都会为私利而歪曲事实的,难免与君王和社稷的利益相冲突。故此,除了是找打杂的人之外,君王或国家应该选用无此品性的臣仆。

　　使为私之弊害上加害的,是在于它置纲常之分于不顾。照顾臣仆之利先于君王之利,已经够不适当了;更大逆不道的是,以臣仆之小利而罔故君王之大利。然而,这正是腐败的官员、税吏、使节、军官以及其他的贪官污吏之所作所为。这种自我打算使他们刻求旁门左道，顺从自己的蝇头小利和狭隘心意，而损害君王的宏图大业。这样，就大多数情况而言，这种臣仆捞到的好处是自己的，但他们为捞到那点好处所付出代价的祸害，却是他们君王的。这样做当然是极端自私自利者的天性。因为他们为了烤熟自己的鸡蛋，情愿在人家的房上放一把火。然而，这种人却往往得到了其主子的器重。因为他们的专长就是如何迎合主子以自肥；从这两方面的任何一点来说，他们都是不顾惜其主子事业的利益的。

　　各种各样自我打算的小聪明都是一种败坏之举。它是一种耗子的精明，肯定会在把房屋弄倒塌之前一走了之；它是一种狐狸的精明，会把为其掘穴造窝的獾驱赴出洞而据其为己有；它是一种鳄鱼的精明，到吞噬人家的时候还会流泪。但特别值得注意的是，那些有如西塞罗所说庞培②一样的最爱自己的人，往往下场并不好。他们一贯损人利己，却最终沦为命运之变化无常的牺牲品，而他们原来以为，凭他们自我打算的精明，早已把命运之神的翅膀给绑住了。

---

① 在培根时代，日心说尚属未确认的新说，地心说仍是主流观念。
② 庞培（Pompey，公元前 106—公元前 48），古罗马统帅、政治家，先后两度任执政官，和凯撒、克拉苏结盟，战绩彪炳，英伟无双，后与凯撒冲突，败死于埃及。

论革新

动物刚生下来时,样子都不好看。所有的革新也是如此,它们是时间的新生儿。

不过,尽管如此,最先创家立业者,多数都强过其继承者。开风气之先河的楷模,也是仿效所难以企及的。因为在陷于堕落的人性上,罪恶就像一种自由落体的运动,动能在下落到最低时最强;而良善就像一种抛物运动,动能在起初的运动时最强。每一种药都是一种革新,那些不愿用新药的人,注定躲不过要害新病;惟时间才是最了不起的革新家,并且,假如在疗程中,事情随时间恶化,又无良计良策使之好转,其后果何堪设想?

毋庸置疑,约定俗成的惯例,虽不足称道,亦不失为适用,而且,那些长期一起相濡以沫的事,看上去彼此相辅相成,而新事物则与之难以相融;新生事物固然因其特长而更富功效,但因其与旧环境不协调而招惹麻烦。还有,新生事物好像客居他乡的外来人,羡慕者多,追随者少。在时间一成不变的情况下,这些话当然都是不错的;但历史是停不下来的,故恪守旧习,也会像革新一样引起麻烦。对于古旧时代的过分尊崇,只会成为新时代的笑柄。

因此，人们在革新中当遵循时间本身的榜样。时间的确常令事情天翻地覆，但却是轻柔渐进得神不知、鬼不觉的。否则的话，无论什么新事物都不会是人所向往的。而且，凡事都是有人有得、有人有失的，有得者视之为幸运，归其功于时间；有失者视之为冤屈，归其咎于革新者。

另外，在政治上，如果不是势在必行或功效显著的话，最好不试行新政；并且一旦施行改革时亦当小心，改革必带来变化，但改革不是出于喜新厌旧而提倡的。最后，对新奇之事虽非要拒之门外，也应视为嫌疑的对象，且按《圣经》所说："我们站在古道上，环顾四周，见有正直的大道，然后行在其上。"①

---

① 语出《旧约·耶里米书》第6章第16节。全句现译为："耶和华如此说：你们站在路上察看，访问古道，那是善道，便行在其间；这样，你们心里必得安息。他们却说：'我们不行在其间。'"此处之古道指以色列民中敬畏上帝的先祖所走的正直道路。

论利落

故作利落可谓做事之大忌之一。它就像医生所谓的预先消化或过速消化一样,免不了会使体内到处都残留未彻底消化的食物,以及各种察觉不到的致病的根源。因此,衡量利落与否,不要以开会的次数为准,而当以工作之进展程度为准。比如在赛跑时,脚步跨得大或两腿提得高,不一定就跑得快;在工作上也是如此,专心做事而不贪多就会做得利落。有些人一心为强充自己为利落人,急着把事赶完,或者用取巧的方法把未完的事对付过去。然而,做事紧凑省时是一码事,偷工减时是另一码事;而且,以这种偷工减时的方法,开数次会来处理工作,只会使其来来回回,反复无常。我认识一位智者,他见人家急着做结论时,就会说句口头禅:"慢点儿,我们就能早些完事了。"

另一方面,名副其实的利落乃是一件难能可贵的事。因为,正如金钱是衡量商品的标准一样,时间是衡量办事效率的标准。所以,做事不够利落,就要付出很高的代价。斯巴达人和西班牙人素以慢条斯理出名,"让我的死神从西班牙来吧",说的就是死亡肯定很迟才会来的意思。

应当好好听取那些在工作上提供第一手材料的人的意见。

而且,要做指示,就在其发言之前说明,不要在他们的发言中插言。因为发言者被搞乱思路就会颠来倒去,想这想那的,比顺着思路一气呵成要啰嗦多了。但有时常见的情况是,主持人比发言人更烦人。

说话重复多半是在浪费时间。但是,反复重申问题的重点却最能节省时间,因为这样做省掉了很多信口而出的废话。发言拖泥带水,就像赛跑披着长袍和大褂一样。开场白、绕圈子、自白以及关于人的介绍都是甚为浪费时间的;而且,这些话虽然好像谦恭有礼,实则是摆花架子。然而,当人有成见或抵触时,要当心说话不可过直,因为对怀有先入为主的心智说话,总是需要有铺垫的,就像用热敷法使药膏渗入生效一样。

利落的关键,在于做事有层次次序,分门别类及提纲挈领。做事不分门别类就永远做不彻底;分得过细则永远搞不清楚。做事的时机得当就是节省时间,不合时宜的举动只能是徒劳无功。做事有三步:筹备、论证或考察以及完成。想要做事利落的话,当在这三步中,只有中间这一步让多一些人参与,而在一头一尾这两步中,让少数人参与。事先制定方案,并依此方案做事,会做起来利落得多。纵使事先定的方案被完全拒绝,也比漫无边际更有助于确定方向,正如炉灰比灰尘更具有上肥的作用一样。

论假聪明

素来都有人认为,法国人实际上比看上去聪明,西班牙人看上去比实际上聪明。但无论国民之间的情形如何,人与人之间的比较,果然是确有其事的。

正如使徒保罗谈起敬虔的事一样:"有敬虔的外貌,却背叛了敬虔的实意。"①同样肯定的是,有人说起来聪明能干,却做不了或很少去做正经事:"干点小事都要用吃奶的劲。"这种中看不中用的人变化多端,使肤浅的表面显得有深度和广度,其把戏在有识之人看来,乃是一件闹剧和笑料。

有些人把自己藏得很严实,谨小慎微,好像他们不愿使其货色见什么光,而且似乎总是给自己留一手似的;而且当他们知道自己对所谈的事情一知半解时,却依然在他人面前显出一副他们知道许多事而不能明说的样子。

有些人要靠表情和手势,在姿势上显得精明。如同西塞罗论皮索②那样,说当皮索回答他时:"你一边把一条眉毛翘到额头上,把另一条垂到下巴上,一边回答说你根本不喜欢残酷的人。"

有些人以为用豪言壮语来表达就很雄辩,并且坚持不懈,把自己不能证明的话当作无误的予以接受。有些人对于他们理解不了的任何事都装出一副不屑一顾的样子，或者讥讽他们为无聊或莫名其妙的，并借此以无知来冒充卓有见识。

有些人总少不了有争执，他们往往大多以花言巧语来哗众取宠，混淆视听。亚·戈利乌斯③曾说这种人是"靠花言巧语坏了大事的傻瓜"。柏拉图也曾在其《对话录》中谈起这种人，他把普罗迪库斯④作为嘲笑的对象。柏拉图让他作了一篇演讲，他在其中从头到尾用的都是与众不同的说法。通常这种人在各种会议中，以吹毛求疵为乐趣，而且喜欢落个事先就已看出困难之所在并且对此予以反对的名声；其实，各种提案一被否决就万事大吉了，不然的话，如果提案一获得通过，就要有新的工作去干。这种小聪明乃是事业的祸根。

总之，这些草包非得靠投机取巧来维护其能干的名声不可，就像任何背运的生意人或破产的富豪处心积虑要挽回其富有的面子一样；只不过玩手腕的方式，前者比后者更层出不穷一些。假聪明的人或许可以想方设法获取名声，但千万不要重用他们，因为为了做事，聘用反应慢的人，也肯定比用一个过于注重外表的人好。

---

① 语出《新约·提摩太后书》第 3 章第 5 节。其后半句还说："这等人你要躲开。"
② 皮索（Piso），公元前 58 年任古罗马执政官。
③ 亚·戈利乌斯（Gellius，117—180），古罗马作家。
④ 普罗迪库斯（Prodicus），公元前 5 世纪的希腊哲学家。

论友情

  "喜欢孤独的人，要么是野兽，要么是神灵。"①要用其他只言片语说出比这更透彻、又更乖谬的话，恐怕就连此名言的作者也是勉为其难的。因为，自然而然地，人的天生的、潜在的愤世嫉俗，固然不免有几分野兽的味道；但要说这种愤世嫉俗的心态还会有什么神灵的味道，则是荒谬至极的，除非这种心态的形成不是出自对孤独的爱好，而是出自一种为追求更纯全生活而离群索居的渴望。在不信教的人当中，这种人一直都是被捏造和虚构出来的，如克里特岛人埃匹门迪斯、古罗马皇帝努马、西西里岛人恩培朵克勒斯②和蒂尔那人阿波罗纽斯。而在基督教会中，在那些古代独居的修道士和圣徒中，这种人的确大有人在。

  然而，普通世人并不明白孤独的真谛和范畴所在。没有爱的话，人群不能成为团体，各样的面孔也仅仅是画廊上陈列的肖像，而交谈则不过是叮当作响的钹而已③。有句拉丁成语有点可套用到这种情形："一座大都市就是一片大荒漠。"因为在一座大城市里，朋友们住得很分散，所以基本上少有睦邻的那种交情。但我们不妨进一步断定，缺乏真正的朋友，乃是地道的、可怜的孤独；没有真正的朋友，则世界不过是荒漠。从这个意义上来看孤独，我们甚至还可以说，凡天性不配交友的人，其性情可说是出自兽性而非出自人性。

友情的一个主要功效，乃是使人心中由各种情感引起的郁积和萦绕的心事得以宣泄和释放。我们知道，闭塞和窒息是人体里最危险的疾病；在人心上也不外如此。你可以服肝精以养肝，服铁质物以健脾，服硫华以润肺，服海狸以补脑；但除了真正的朋友之外，没有什么灵丹妙药可以舒心。面对真心朋友，你可以藉一种人与人之间的忏悔或自白，倾吐你的忧愁、欢乐、恐惧、希望、疑虑、忠告，以及任何压在你心底的事。

说起来奇怪的是，许多英伟的帝王也确实十分重视我们在此所说的友情之功效，其程度之深，常常到了不顾自己的安全和尊严以获取友情的地步。因为君臣之间地位的悬殊，君王原本是得不到这种友情的，除非他们为使自己能够得到这种友情，把某种人抬举到可说是他们伙伴或差不多平起平坐的地位；然而，如此做法也常常会招惹麻烦。这种人在当代语言中被称为"亲信"或"心腹"，好像这是出于皇恩和宠幸似的。但古罗马人称这种人为"同心者"，这才能表达出提拔这种人的真正用途以及确切的原因，因为君臣之交心正是为了这一结果。而且，还可以清楚看到的是，这样的事情并不仅限于多愁善感的君王，即使历来最英明的君王也常常与下臣有交情，彼此之间以朋友相称，并容许他人以普通人之间的称谓一样，称那些下臣为君王之友。

当苏拉统治罗马时，他把庞培提拔到很高的地位（后被人尊称为"伟大的庞培"），连庞培也自吹胜过苏拉。庞培以前曾提议他的一位朋友出任执政官一职，以抗衡苏拉之权威，苏拉因而不满，讲起名分来，而庞培则反唇相讥，竟然叫他不要出声，说："因为爱看日升的人多过爱看日落的人。"

凯撒也使布鲁图④获得了那样的特权。他在其遗嘱中把布鲁图立为继其侄儿之后的候补继承人。且正是此人，才有能力诱致凯撒于死地。凯撒曾因几次不详的预兆，特别是因卡尔普尼亚⑤的一个噩梦的事，想解散元老院。此公却扯着凯撒的胳膊，轻轻地把他从座椅上拉到一旁，说他希望等凯撒的夫人做一个好点儿的梦之后，凯撒再去解散元老院。布鲁图看上去十分得宠，故在西塞罗反安东尼奥斯的演说中，曾经一字不差地引用过安氏的一封信，其中称布鲁图为"妖魔"，好像他使凯撒鬼迷心窍似的。

奥古斯都把出身卑微的阿格里巴抬举到了这样一个程度，以致后来当奥古斯都为其女儿朱丽娅之婚事咨询麦赛纳斯⑥时，麦氏竟脱口而出说："你要么得把女儿嫁给阿格里巴，要么得把阿格里巴杀掉。再无第三条路，因为你使阿格里巴的权势太大了。"

提比略把赛雅努斯⑦提升得那么高，以致他们俩被合称为一对朋友。提比略在写给赛雅努斯的一封信里说道："为了我们的友情，这些事我都没有瞒你。"而且，为了表扬他们俩之间真挚无比的伟大友情，元老院全体就像给女神献祭一样，特为此友情献筑了一个祭坛。

塞维鲁与普劳蒂亚努斯⑧之间的友情与此相似，或者更有过。塞氏竟强迫他的儿子娶普氏之女为妻，又常公开辱骂其子以袒护普氏。他还在致元老院的一封信中说过这样一句话："朕爱此卿之甚，惟愿其寿比朕长。"

在这些事中，假若这些君王是图拉真或马可·奥勒留式的贤主明君⑨，人们或许会想象上述之事，乃是出于良善之心怀。然而，这些君王却都十分诡诈、强悍、任性，又极端自私，竟也如此，故此便足可清楚证明他们懂得：就凡人而言，他们虽然已是幸运无比，但若无朋友使之圆满，则此幸运终是有缺憾的。虽然他们都有妻、有子、有侄甥，不过，这些人都提供不了友情的满足。

别忘了康明纽斯评论其第一任主子勇士查理公爵的事，说他不肯把他的心事告诉任何人，尤其是那些最使他为难的心事。康氏于是又说公爵到晚年的时候，"这种秘而不宣的性情确对他的心智有所妨碍，且有一些损害。"无疑，如果康氏愿意的话，他也可以对其第二位主子路易十一下同样的断语，因为路易十一的守口如瓶使他自己苦不堪言。⑩

毕达哥拉斯有句晦涩而实在的格言："不得吃心。"的确，说句大白话，那些没有朋友可以倾诉心事的人，可说是吃掉了自己心的野人。与此相反，有一件令人十分惊叹的事，我特此以它来总结有关友情之首要功效的讨论，那就是，向朋友袒露心胸可产生两个相反相成的效果，即：使欢乐有加，又使忧愁减半。因为，凡是与朋友分享欢乐的人，都会感到乐上加乐，凡是向朋友倾诉忧愁的人，都会感到愁不再愁。故从实际的作用上看，友情对人心的价值，一如炼丹师常常所说的他们的药石对人身的价值一样。照炼丹师的说法，这种药石能产生各种相反相成的效力，不过都是有益于其生理机能的。不必借助炼丹师之例，在常见的自然现象中也有明显相似的情形。物质的聚合能强化并增进其天然的性能，另一方面，又会削弱并减轻外力的影响；对人心智而言，也同样如此。

友情的第二种功效，就是使理智健全，有如第一种功效是使情感健全一样。因为在情感方面，友情使人化狂风暴雨为和风细雨；而在理智方面，友情则使人出黑暗和迷乱而见日光。这不仅是指得到朋友的忠告。其实，当一个心烦意乱的人与旁人沟通和交谈时，其心智与思绪将会澄清而开放；他调动思想更为灵敏，组织思想更为有序；他看得出当这些思想形成言语时的样子如何；结果，他自己也变得比原来更聪明。在这样的情形中，交谈一小时比沉思一天更有收效。

特米斯托克利对波斯王①说过这样精辟的话："说话有如铺开而对外陈列的挂毯，其中的图画都是显明的；而思想则像是在卷起的东西里。"友情的这个第二种功效在于开启理智，并不仅仅局限于那些能提供忠告的朋友（有了他们当然是最好的），而且，即使没有这样的朋友，一个人也可以自我交流，展现自己的思想，如在砥上磨刃一样，磨砺自己的机智。一言以蔽之，人宁可对着雕像或肖像倾诉心曲，也不要让思想窒息。

为了使友情的这个第二功效的观点得到全面充实，特此补充谈一下朋友的忠告这一点，它是显而易见，但凡夫俗子却都说不清楚的一个特点。赫拉克利特②在其谜语之一中说得好："不带偏见的知识永远是最好的。"一个人从另一个人的忠告中所得来的知识，比出自他自己的意志和判断的那种知识，更少偏见、更客观；出自个人理智和判断的那种知识，总是受他的情感和习惯所濡染。因此，朋友的进言与自我的主张之间的差别，如同朋友的忠告与献媚者的建议之间的差别一样。因为人是其自身最大的献媚者，而朋友的直言不讳却是最能医治人的自以为是的。

忠告有两类：其一是针对品行上的，其二是针对事业上的。

论到第一类,使人心保持健康的最佳预防药,乃是朋友的忠言相劝。自我责备的律己固然是一剂药,但有时药性太猛,药力太强。读道德修养类的好书,难免单调死板。观察人之过失以为自己之借鉴,有时又对不上自己的处境。但最佳药方(我是说,最有效又最易服用),就是朋友的进言。奇怪的是,许多人,特别是出类拔萃之士,因为缺乏朋友所进的忠告,铸成大错,并做出极为荒唐的事,致使其声名和际遇均大受损害。这些人正如圣雅各所说的那样:"有时照一下镜子,然后很快就忘了他们自己的相貌。"⑬

针对事业上的忠告。如有人认死理,他可以硬说:两只眼看到的不见得比一只眼多;或当局者看到的总比旁观者有数得多;或人在怒气中会和默数过 24 个字母时一样的灵敏⑭;或者,一支老式毛瑟枪用手托着和支在架上射击都能打得一样的准;以及其他愚顽高傲的妄想,以为光靠自己就够了。但归根结底,能使事业走上正轨的还得有赖忠告之助。在这一点上,假如有人欲接受别人的忠告,却想要零敲碎打的方法,一件事上问这人,另一件事上问那人,也说得过去;即是说它好过什么也不问。不过,这样做是在冒两种险:一种危险是除了地道、忠实的朋友之外,谁也不会进忠告的,而且出主意难免有被歪曲、偏向进言者个人之私利的;另一种危险是,有了忠告,用意固然也不错,但却是有害和不保险的,既可惹祸,也可消灾,甚至有如你请来一位医生,你以为他擅长医治你的病,而他却不熟悉你的体质。故此,他或许可治愈你现有的病,却会危害你其他方面的健康;结果是治了病症却害了病人。但是,完全了解掌握你的事业的朋友,则会小心谨慎,既可推动你现有的事业,又不至于招致其他麻烦。因此,不要指望零散的忠告,他们与其说是使人安心,为人指导,不如说是使人分心,为人误导。

友情不仅有这两个出色的功效:情感上得到了安定,理智上得到了强化;还有最后一种功效,那就是它有如石榴一样,里面都是种子,我这是指友情是在任何事务和任何处境中都是有所帮助、有所结果的。在这一点上,想要生动地表述友情的多种功用,最佳方法就是列举一下,看看生活中有多少事情是自己办不了的,然后,我们就会明白。古人所谓的"朋友是另一个自我"还是说得不全对。因为,朋友远比自己用处大得多。人生有涯,死时常有一些未了的大心愿,如子女的婚事,工作的完成等等。有一位挚友的话,人就大可放心,因这些心事会有人在身后予以照料的。故此,简直可以说,因这未了的心愿,人有两条命活着。

一人一个身体,且此身体受限于一个地方。但有了友情的话,人生一切大事都可说不愁无人办了,因为可请朋友代劳去做。碍于面子和身份的原因,人不能亲自去说或去做的事真是太多了!人要谦虚,就连自己的功劳也不要认,更不要说表扬和夸赞了;人也往往不能低三下四地去央求别人;等等可类推的事还很多。但是,这种种在自己口里说出来难为情的事,在朋友口里说出来却很体面。同样地,很多身份上的关系问题也是人不能置之不理的;对儿子说话就得像个父亲;对妻子说话就得像个丈夫;对仇敌说话就得保持尊严。但对朋友说话却就事论事,无须讲究身份。不过,这样的事多得不胜枚举,我只给个原则,那就是,当人有事而不能亲自得心应手地去做时,如果他没有朋友的话,那就该靠边站了。

① 语出亚里士多德《政治论》第一章第一节。

② 埃匹门迪斯(Epimenides),公元前 6 世纪哲人,相传他于洞中睡卧 50 多年。努马(Numa),公元 7 世纪古罗马之王,相传他也最后退隐一洞中。恩培朵克勒斯(Empedocles),公元前 5 世纪哲人,跳进火山口而死。

③ 参见《新约·哥林多前书》第 13 章第 1—3 节:"我若能说万人的方言,并天使的语言,却没有爱,我就成了鸣的锣,响的钹一般。我若有先知讲道之能,也明白各样的奥妙,各样的知识,而且有全备的信,叫我能够移山,却没有爱,我就算不了什么。我若将所有的周济穷人,又舍己身叫人焚,却没有爱,仍然与我无益。"

④ 布鲁图(Brutus),凯撒之宠将,后加入叛党,弑凯撒。

⑤ 卡尔普尼亚(Calpurnia),凯撒之妻。

⑥ 阿格里巴(Agrippa,公元前 63—前 12),出身寒微的罗马将军。朱丽娅(Julia),奥古斯都大帝之公主。麦赛纳斯(Maecenas),奥古斯都大帝之密友。

⑦ 赛雅努斯(Sejanus),1 世纪古罗马之政治家。

⑧ 普劳蒂亚努斯(Plautianus),3 世纪古罗马之将军。

⑨ 图拉真(Trajan),于公元 98—117 年为罗马皇帝,文武双全。奥勒留(Aurelius),于公元 161—180 年为罗马皇帝,以贤明著称。

⑩ 康明纽斯(Comines,1446—1511),法国社会活动家及学者,先后辅助勇士查理公爵及法王路易十一。

⑪ 特米斯托克利(Themistocles,公元前 524—前 460),古雅典政治家,遭陶片放逐法之处分,被放逐至波斯。

⑫ 赫拉克利特(Heracles),公元前 6 世纪希腊哲人,素以奥秘难解著称。培根将此句谜语译作"Dry light is ever the best"。

⑬ 语出《新约·雅各书》第 1 章第 23—24 节旧英文版。现汉译全两句为:"因为听道而不行道的,就像人对着镜子看自己本来的面目;看见,走后,随即忘了他的相貌如何。"

⑭ 西人习惯用默念字母表一遍以息怒或平定情绪。在培根时代,英文字母中 i 与 j、u 与 v 并无分别,故字母表仅有 24 个字母。

论开支

有钱就得花钱,而花钱就得有用和得体。因此,非正常的开支应视用途的意义而定,因为有人为了国家,如同为了天国一样,甘愿无所保留。但正常的开支应视个人的财产而定,量入为出。而且,不要被仆人哄骗,还要使钱花得大方得体,价廉物美,使实花的要比人家想象的少。如果一个人仅想维持收支平衡,其正常的开支肯定也应当仅限于其收入的一半;如果他想发财,这种花费应当仅限于其收入的三分之一。

大人物亲自清点自己的财产,算不得是一件丢脸的事。有人不肯这样去做,不只是因为疏忽,也是出于担心查出亏空后会心烦。但是,找不到伤口,是治不好创伤的。对于那些根本没有办法去查点自己财产的人而言,他就必须得用人得当,还要常常调换使用,因为新人毕竟胆小一些,心眼也少一些。对于那些没有时间去常常查点自己财产的人而言,他必须把开支的各个细项都予以明确的限定。

如果某项开支大了,就必须在其他项上节俭。譬如,在饮食上开支大了,就当在衣着上节俭;在住房上开支大了,就当在马厩上节俭,其余类推。每一项开支都大手大脚的人,是会倾家荡产的。

对于负有债务的家产,欲清偿欠债时,不可操之过急;否则会和把偿还期拖得太长一样有害于己。因为,长期付利息是不划算的,但急于为还债而出售财产,也多半是一样要吃亏的。此外,一下就还清债的人是会再去借债的,因他一发现自己脱离了困境,就会重回旧路;而慢慢还清债的人,会学到一种节俭的习惯,这既有益于其心态的健康,也有益于其家产的增加。其实,不甘没落的人不能鄙视小事,通常情况下,与其低声下气地去赚小利,不如体体面面地去省小钱。对于那些属于开个头就收不住的连续性开支,应当三思而后行;对于那些属于不会重复的一次性的开支,大方一回亦是无妨的。

论国家强盛的实质

雅典人特米斯托克利在一次宴会上,遇到有人请他弹琴,他说他"弹不了琴",他"只不过能把一个小城镇造成一座大都市而已"。他这句话用于自白乃是居功自傲,狂妄自大;但在大多数情况下用于评论别人的话,则不失为精彩而可圈可点的。

若用比喻来引申一下这句话,可以反映出两种不同的治国之才。认真考评一下参政议政之达官显要的话,或许可以发现其中有一些人,虽然是屈指可数的,能使小国变得强大,却玩不了琴;而在另一方面,琴玩得很熟,但在使小国变得强大的事上根本不沾边的,却大有人在,其天才是倒过来的,能使一个强大而兴旺的国家沦为衰败、破碎。的确,那些颓废的手艺和技巧,对于许多高官重臣来说,乃是一种上可争宠、下可沽名钓誉的手段,冠以"玩弄"之名是再好不过的了。因为,这些手艺、技巧不过是图一时之快,自我炫耀,而不能对其所从事的有关国计民生的事业有所帮助。当然,也有些堪称能干的高官政要(即所谓"称职的"),他们能够治理国务,不出大错,不遇大难,但却远远谈不上有能力使国家在国力、财富和国运上都得到提高和增长。

暂且不论做事的人如何,先谈谈事业本身,即国家强盛的实质及其实现的方法。这个问题是雄才大略的君王应把握的，以使其既不会因过高估计自己的力量而不自量力，徒劳妄动；又不会因低估自己的力量而畏惧不前，优柔寡断。

国家之幅员和领土之大小是可测量得到的，其财政税收的多少也是可计算得到的。人口数可在户口总数上反映，城镇之多少及大小则可在地图及图表上看到。然而在国情中对有关的国家之国力或国势的准确评估和鉴别，却是最易出错的。连天国也不过是被比作一粒芥菜种①，而不是什么大核的果仁或种子，但却有一种迅速发芽并苗壮成长的特性和生命力。同样，有些国家幅员辽阔，却难以扩张国力或予以治理；又有些幅员小如一种草梗一样的国家，却极有可能是奠定成一个强大帝国的基石。

如果国民的体质和气质不是强悍尚武的，那么，铜墙铁壁的城池、弹药库、骏马、战车、作战用的巨象、军械和大炮等不过只是披着狮子皮的绵羊。不仅如此，如果国民没有勇气，则从军人数多也没用，正如维吉尔所说"羊再多，也难为不了狼"的话一样。在埃尔比勒平原②上的波斯军浩浩荡荡有如一片人海，以至亚历山大阵营里的将军有些惊恐，他们于是向亚历山大报告，建议在夜间偷袭。但是亚历山大说他不想偷偷摸摸地夺取胜利，结果轻轻松松地取胜了。亚美尼亚王提格拉尼③领兵四十万驻扎在一座山头上，看着进攻他的罗马军队只不过一万四千人马，便乐了起来："那帮人做来使有余，作战却微不足道。"但未到日落时分，他就已发现这帮人足以把他打得屁滚尿流了。像这种兵力不在数量而在于骁勇的例证，数不胜数。故此可断言，国家要强大，主要在于要有一族善战的国民。

如果国民娇柔懦弱，军备荒废，即使有了金钱，也不能变成俗语所谓的军费。当克罗伊斯④向梭伦⑤炫耀他的藏金时，梭伦对克罗伊斯中肯地说道："陛下，要是有人来，他的剑又比你的锐利，那他就会成为这些金子的主人。"因此，对于任何君王或国家来说，除非自己的国民军是骁勇善战的军兵，千万不要高估自己的力量。另一方面，对于那些国中不乏尚武之国民的君王来说，应该确信自己的优势，除非这些国民有其他方面的缺陷。至于那些雇佣军，即是在自己国民靠不住时才用的一种补救措施，已有的先例都证明了：靠这种雇佣军的国家或君王，虽然一时呈强，但很快就威风扫地了。

犹大和以萨迦所得的祝福是永远不会同时并存的⑥：同一个民族或国家不会既是小狮了，又是负重的驴。同样，一个国家的国民，如果负担过重的苛捐杂税，也绝对不会英勇善战的。其实，如果税负是经国民赞成开征的，则国民的勇气因此会少被挫伤一些。低地国家的消费税，以及某种程度上，英国的特别税项，就是明显可见的例证。需要留心的是，我们在此所讨论的是有关民心的问题，而不是钱包的问题。就是说，同样的税赋，不论是出于自愿或被迫，结果都是出自同一个钱包，但对于勇气的作用就大有不同。因此可以断言，税赋过重的国民是不适于建立帝业的。

奋发图强的国家应当谨慎，不可使其显贵增长过快。因为这样会使平民变成佃农和见不得人的乡巴佬，使其意志消沉，实际上不过沦为显贵的奴仆而已。有如在矮木林中所见的情形一样，如果把小树留得太密，就永远不会有整齐的林下灌木，只会杂木乱生。国家也是如此，如果显贵太多，则平民必沦为下贱；

以至于论人头，百里也未必挑得出一个配披甲戴盔的，更不用说去从戎于身为军队之命脉的步兵了。这样的国家，人口虽多也是力量很小的。拿英国和法国作个比较，就可以对我所谈的这个观点提供再好不过的例证。英国的中产阶级民众能造就为精良士兵，而法国的佃农则做不到这一点。英王亨利七世在这方面的策略真是深谋远虑，令人钦佩（我在拙著《英王亨利七世传》中对此有详述）。他把农庄农舍都统一为一种标准，即农庄农舍要保持有一定比例的土地，使农民能安居乐业，不至贫贱；这样，就使耕者有其田，而非单纯的雇农了。结果，便可以达到维吉尔笔下古意大利的境界：

　　　一个兵强马壮、土地肥沃的国家。

　　还有一种国家也是不可忽视的：即指那些连贵族和上流人士的奴仆都享有自由的国家。据我所知，这种情形差不多可说是英国所特有，大概除了在波兰以外，其他地方是见不到的。这些享有自由的奴仆就从军的素质上，一点不逊于自由的平民。因此，毫无疑问，贵族和上流社会的辉煌、豪气、前呼后拥的排场、慷慨有礼的风尚，潜移默化成了习俗之后，确实特别有助于走向军事上的强大。与此相反，贵族与上流人士生活上深居简出，省吃俭用，会导致兵力的困乏。

　　尼布甲尼撒梦中所见的国王之树的树干，无论如何都要强大到足以支持其树枝、树叶的程度[⑦]；就是说，皇上或国家的原有国民同他们所统治的归化国民，须有适宜的比例。一个小民族，若真有无与伦比的大智大勇，固可征服并占有大得多的国土,得逞一时,但未几就会灰飞烟灭。斯巴达人对于外人归化一事太过挑剔,故当他们守着自己的边境时,他们是坚不可摧的;但到他们对外确实有了扩张,树叶大到连树干都支持不了的时候,他们就成了被风吹落的果子一样,一下就掉了下来。

　　在归化入籍这件事上,古罗马人是历史上最容易于容纳外族者的了。故此,古罗马人的结局也相应较好,他们发展成世界上最伟大的帝国。古罗马人的方法是授予入籍资格(他们称之为公民权),而且最大限度授予这种权利;即他们不但授予通商权、通婚权和继承权,而且,还授予选举权和担任公职的权利。不仅个人可归化得享这些权利,也可使全家、甚至全城,有时还是全国都可归化得享这些权利。加之,古罗马人有移民的习惯,因而把古罗马的这株植物也由本土移植到外国的土壤上。把这两种习俗合在一起,你会说,与其说罗马人扩张到了全世界,还不如说是全世界都渗透进罗马来了。这才是可靠的富强之道。

　　我有时对西班牙甚感纳闷,何以西班牙本国人如此之少,却能够占据并统治这么大的领地呢?不过,西班牙本国的版图的确是一棵大树,远比古罗马和斯巴达初起时要大。此外,虽然他们没有轻易准人归化入籍的惯例,可是他们有与此惯例差不多的方法,即他们的常规军队一视同仁地征召各个国家的人;其实,在他们的最高阶将领中,也有外族人士。不仅如此,从国王所颁的鼓励多生育子女的特诏上看,他们对于本国人丁不旺,似乎已是很敏感了。

　　毋庸置疑,那些坐在室内操作的匠活,以及用手指而不用手臂的精巧工作,在本质上就与尚武精神相悖。通常情况下,所有尚武之民族都有点游手好闲,他们爱冒险而不爱劳作。要保持活力,就不可过于破坏他们的爱好。因此,在古代的斯巴达、雅典、罗马以及其他的国家,一个最大的便利就是使用奴隶。这样,他们通常可以摆脱这些劳作。但是,这种蓄奴制度大部分已被基督教的律法废除了。和蓄奴制最接近的方法,就是把大部分劳动留给外族人去做(他们为了此故也更易在所在国被接纳包容);而让大部分的民众限做三种工作或职业:种地,当自由的仆人以及从事大气力工作的工匠,如铁匠、瓦匠和木匠等,而职业军人则不计在内。

但重要的是,国家要强大,则举国上下务须视军事为其崇高无上的荣耀、学问和职业。我在前面所说的那些事只不过是军备而已,但若无目的和行动的话,则军备又有何用? 人们传说中或杜撰的罗穆卢斯⑨死后,留给古罗马人一个劝谕,教他们首先致力于军事,这样,他们将会成为世界上最强大的帝国。斯巴达的国体结构完全是为此意图和目的而建立组成的,虽然它这样做并不明智。波斯人和马其顿人也有过这种事,不过转瞬即逝。高卢人、日耳曼人、哥特人、撒克逊人、诺曼人以及其他民族也都曾一时有全民皆兵的情形,土耳其人至今还是如此,虽然比之以往逊色多了。

在欧洲信仰基督教的国家中,实际上只有西班牙一个国家才是这样做的。但是明显的道理是,种瓜得瓜,种豆得豆,这是毋庸置疑的。对于不直接从事军备的国家,富强是不能从天上突然掉下来的。与此相反,历史最可靠的教训是那些不懈坚持军备的国家(如古罗马人和土耳其人的做法那样),才会建立丰功伟绩。那些军备充实一时的国家,也确在当初发展壮大起来,且在后来当他们对军事的崇尚与操练已经衰退的时候,当年的强大仍可为他们提供相当一段时间的保护。

附带还有一点，一个国家要有一些法律和风尚，以备在开战时有适当的说法，好像有个理由一样。人性中自有一种天赋的公义，除非有一定的原因和理由，哪怕是牵强附会的也好，否则他们是不会参战的，因为战争引致很多的灾祸。土耳其苏丹治下的人常以传播他的戒律或宗教为开战理由，这是他们永远都师出有名的原因。古罗马固然把其帝国每一次领土扩张的成功都视为其将帅的无上光荣，但他们从来不以此为开战的理由。

故此，自命强大的国家，首先应具备这些素质，即对于外来的侮慢应警觉，无论这种侮慢是针对边区居民，还是本国商人或使节的；并且一遇到挑衅，不可姑息太久。其次，要随时援助盟国，古罗马人就一贯如此：当一国与古罗马之外的其他一些国家缔有互为保障的盟约，而在遇有侵犯并向盟国分头求援时，古罗马人总是率先赶到，不使其他国家有抢先的荣誉。

至于古代所见的，为一党派利益或一国家的利益而发起的战争，我看不出有什么正当的理由：例如古罗马人为了希腊的解放而战，或者斯巴达人和雅典人为了建立或推翻民主和寡头政治而战，或者外国人假借正义或保护之名义，以解救一国中处于专政和压迫下的国民而战等等。

总括而言，凡有正当出兵机会而不奋起的国家，就别想强大。

无论是人体还是国体，体格不练不强。对一个君主国或共和国而言，一场光荣正大的战争肯定就是一场实实在在的锻炼。其实，一场内战好比一次发烧所生的发热；但对外的作战却好比是锻炼所生的发热，可因此保持身体的健康。国民沉浸在懒洋洋的和平中,既会勇气衰退,又会民风败坏。但是,无论如何巧立名目,为了国家的强大,都应让大部分国民常常武装起来。一支久经沙场的军队,其力量永远是在战斗中的,虽然它是一项需付代价的事业;但正是这种力量,通常才可在国际上发号施令,或者至少获得这种名誉。西班牙就是一个好例证:该国在很多地方几乎长期屯有精兵,迄今已有 120 年了。

成为海上的霸主是建立一个帝业的捷径。西塞罗在致阿提库斯⑨的信中,论庞培准备进攻凯撒的事时写到:"庞培遵循着地道的特米斯托克利式的策略:他认为谁称霸于海,谁就称霸于世。"而且,无疑地,如果庞培不是因为轻敌而偏离了那个方式,他肯定会把凯撒彻底拖垮。我们对海战的重大意义是明白的,亚克兴战役决定了古罗马帝国由谁统治的事;勒班佗战役抑止了土耳其人的强横。⑩有很多战例都是以海战来决战胜负的。当然,这种情形是君王或国家完全推崇海战的结果。然而,相当肯定的是,谁有海上控制权,谁就可以为所欲为,且可以随心所欲地决定参战规模的大小。与此相反,那些陆军最强的国家,却常常深感颇受局限。的确,我们当今在欧洲列国中的海上优势甚强(这也是大不列颠王国得天独厚处之一),一来因为欧洲大多数王国并非纯粹内陆性的,而是国境大部分都靠海;二来因为东西印度⑪群岛的财富,大部分都好像只是海上称霸者的附属物。

就古代战争所赋予军人的光荣与崇高而言,近代战争似乎是在偷鸡摸狗似的。现在为了鼓舞士气,也设有一些骑士勋位、勋章等等,但这些东西是不分军民地乱发一气的;此外,也许还有些光荣榜,伤兵医院之类的东西。但在古代,用以激发人的勇气的事,却是在决胜之地树立的胜利纪念碑、追悼的颂词以及阵亡将士纪念碑、奖励用的花环与桂冠、连后来世上大君王也借用的大元帅的头衔、出征将士的凯旋式的班师回朝、兵员解甲回家时的大批犒劳。不过,至关紧要的是,古罗马人的凯旋礼,不仅仅只是个仪式或炫耀,而是一种从未有过的极为聪明、高贵的制度,其中包含三件事情:给将军授予荣誉,给国库上缴战利品,给全军分赏犒劳。但对君主制国家而言,那种荣誉是未必适合的,除非将此荣誉归于君王本人或他的子孙们,如在古罗马时代众皇帝的所作所为一样,他们把战役的凯旋礼据为己有,只为庆祝他们自己或儿子们所取得的胜利;而对臣将赢取的战役中,就只有对将领们赏些庆功的衣服和勋章而已。

　　总而言之,如《圣经》所言,谁也不能用"思虑"使人体这个小形体"身量多加一时"⑫,但在有如王国或联邦这个大形体中,君王或国家却有能力使其国家更加强大。如果他们按我们上述的法则、方略、惯例予以试行,他们是可以为后代或继承人撒下强大之种的。然而,人们大多并不理会这些,反而任由自己听天由命。

---

① 语出《新约·马太福音》第 13 章第 31—32 节:"耶稣又设个比喻对他们说:'天国好像一粒芥菜种,有人拿去种在田里。这原是百种里最小的,等到长起来,却比各样的菜都大,且成了树,天上的飞鸟来宿在它的枝上。'"

② 埃尔比勒平原(Arbela),位于伊拉克北部,公元前 331 年,亚历山大大帝在此以少胜多大败波斯军。

③ 提格拉尼(Tigranes),公元前 96 年即亚美尼亚王位,公元前 69 年与罗马军交战,虽兵多亦以惨败收场。

④ 克罗伊斯(Croesus,？一公元前 546),吕底亚末代国王,暴敛成巨富,后为波斯王所灭。

⑤ 梭伦(Solon,公元前638—前559),古雅典政治家兼诗人。

⑥《旧约·创世记》第49章第1—27节记载犹太人先祖雅各临终前对众子预言未来及祝福,对其第4子犹大说:"犹大啊,你弟兄必赞美你,你手必掐住仇敌的颈项,你父亲的儿子们必向你下拜。犹大是个小狮子。"(第8—9节)又对其第9子以萨迦说:"以萨迦是个强壮的驴,卧在羊圈之中。他以安静为佳,以肥地为美,便低肩背负,成为服苦的仆人。"(第14—15节)

⑦《旧约·但以理书》记巴比伦王尼布甲尼撒在一奇梦中看见一个异象,有参天大树,枝繁叶茂之时为一天使伐砍,仅留残墩。王召见犹太先知但以理解梦,令王承认至高神,见该书第4章。

⑧ 罗穆卢斯(Romulus),罗马神话中战神之子,罗马城的创建者。

⑨ 阿提库斯(Atticus),西塞罗之挚友,两人间的书信,至今仍是欧洲文坛的珍藏。

⑩ 亚克兴(Actium),希腊西海岸之一角。公元前31年,奥古斯都于此打败安东尼奥斯。勒班佗(Lepanto),希腊西部一海峡,公元1571年,西班牙、威尼斯联合舰队于此打败土耳其舰队。

⑪ "东印度"是西方人所用的一个模糊的地理概念,泛指印度、印支半岛、马来半岛和马来群岛;"西印度"是哥伦布对美洲误用的名称。

⑫ 语出《新约·马太福音》第6章第27节,耶稣劝门徒放下忧虑时说:"你们哪一个能用思虑使寿数多加一刻呢(或译'使身量多加一时呢')?"

论养生

　　养生有道，道不在医术，却在人自己那里。当自己掌握了何物于身体有利，何物有弊，又予以遵行时，即是最好的保健处方。但是，我们与其说"此物于我无害，不妨用一下"，不如说"此物于我无益，最好戒一下"，这在结论上更为稳妥一些。少壮时体力强健，任由自己放纵无度，这种透支是一笔到了年老要还的债。要醒觉年龄的增加，别老是想做和以前相同的事，因为年岁不饶人。

　　饮食上，不要在主要成分上忽这忽那的，若主要成分非变不可的话，则其余成分也要相应随之一起变。因为身体上的事和国事一样，都有一种神秘的现象，就是单单改变一事，不如配套改变多事来得妥帖可靠。检讨一下自己的饮食、睡眠、锻炼、着装等习惯，并且尝试逐渐戒除自以为有害的习惯。不过在改变时，如你对此改变感到不适的话，就该恢复到原有的习惯上去。很难从一些行之有效的个案中间，挑出既可推而广之，又可适应阁下自己体质的、有效于身心健康的方法。

　　长寿的最佳法则之一是：在吃饭、睡觉、运动的时候，要心无杂念，轻松愉快。至于心里的情绪和思绪，对各种嫉妒、焦虑郁积的怨气、玄虚疑难的追究、过度的兴奋和亢奋、无以分担的忧伤，都应避而远之；而对各种的盼望，乐而不淫的事，多趣而不奢华之事，引人憧憬和仰慕以及因之而来的新奇感，能以诸如历史、寓言、自然研究等美好事物充满人心的学问，都应怀而思之。

没病时不沾药，到需要用药时，身体就会对用药有不适的感觉。平时用药太多，生病时用药也无特效。我主张随时令而配的食物，胜过频繁用药，除非习惯上已注定不用药不行。食物可令身体多得些调理，少受些扰乱。

不可小看身体上任何小毛病，而应求医。生病时以调养为要，调养时以锻炼为要。平日就注意锻炼身体的人，如果生病不重的话，大多只须调节饮食和休养，就可健康。

塞尔苏斯[①]提供了一条高明的养生长寿之道就是，人当变换尝试一下截然不同的事，不过要侧重有益于人的一方面：如禁食和饱餐都要有所尝试，但提倡饱餐；对熬夜和早睡都要有所尝试，但提倡早睡；对静坐和锻炼都要有所尝试，但提倡锻炼。如此类推。[②]要是塞尔苏斯不是兼医生和哲人为一身的话，让他仅凭医生之身份，那是永远也说不出这种话的。照他所教的去做，既可健身，又可益智。

有些医生过于顺从和迁就患病者的脾气，而不抓紧做真正的治疗；又有些医生过于刻板地照教条办事，而不充分注重患病者的病情。请医生时，最好请一位性情折衷的；或者，若请不到一个有此性情的人，就从这两种医生中各请一位，综合起来而用。但千万不要忘记，请医生时要请有医道的，同时又是最熟悉你的体质的良医。

① 塞尔苏斯（Celsus），公元一世纪罗马医学家和作家。

② 参见《新约·哥林多前书》第 6 章第 12 节，使徒保罗写道："凡事我都可行，但不都
　有益处。凡事我都可行，但无论哪一件，我总不受它的辖制。"

论猜疑

　　心中的猜疑就像鸟中的蝙蝠一样①,总是飞翔在昏暗中的。它们是应被驱除的,或者至少也是应被善加限制的。因为猜疑蒙蔽了心智、离间了朋友,又困扰了事业,使其半途而废。猜疑常令帝王暴虐,令丈夫嫉妒,令智者优柔寡断。猜疑并非一种心病,而是一种脑疾,因为意志最坚强的人也免不了生疑。譬如英王亨利七世,他在世上比任何人都多疑,也比任何人都勇猛。而且,对具有他这种气质的人来说,猜疑是不会有大碍的。他们不会一下子就认定了猜疑的事情,除非这些可疑之处经过了是否属实的考察。

　　懦弱的人是易生猜疑之心的,孤陋寡闻的人最能使自己变得多疑。因而,见多识广自可释疑,而不必郁闷在心。人们何苦要多疑呢?难道他们把自己所任用的人和所交往的人都当成了圣人吗?难道他们也以为别人不会为自己打算,并且不是对自己比对人家更忠诚的吗?因此,平息猜疑的最好办法是,将此猜疑之事当作是属实的予以防范,但同时,又当它是毫无根据的而将猜疑控制在一个严格限制的范围里。就此而言,人应当借用猜疑,当它确有其事予以防范也好,如此即便有事也不会于己有害。

　　自发的疑心只不过是些嗡嗡声而已，但经别人交头接耳和夸大，人为播弄是非并渗入人脑中的猜疑，则带有叮人的毒刺了。的确，置身猜疑之林中最有效的清除方法，就是与所疑的对象开诚布公的沟通。因为这样做，你肯定能比以前更多地了解对方，而同时又可使对方更加小心，以免再授人以生疑之把柄。但是这种方法对于小人是不适用的，这种人一旦发现自己被怀疑，就再也不会有任何实话了。意大利人说："猜疑放走了忠诚。"好像猜疑发给忠诚一张离去的通行证似的。其实，面对猜疑更应激发忠心，以消除猜疑。

---

① 蝙蝠非鸟，而属哺乳动物。培根此处明显是为强调蝙蝠之于其他飞物的区别，以突出猜疑与其他心思之区别。

论谈吐

　　有些人在其谈吐中，宁愿以能言善辩之口才来博取机智的名声，也不肯靠分辨是非之见识，落个明察的评价；似乎知道会说什么却不知道该想什么也是一件得意的事。有些人对老生常谈的话题津津乐道，没有新话题。这样的乏味之举通常都会令人讨厌，一旦被察觉也感到无聊。最可贵的谈话内容是把话题交给人家，且谈起话有所节制，又适当转换一下别人的话题，因为这样的做法，可以控制话题的内容。

　　在演讲和交谈时，最好是以不同的方式来表达；而且，寓论证于所谈的话题中，有叙有议，又问又释，亦谑亦庄，因为，说话老是一个味以及我们现在所谓的"没意思"，都是一件令人乏味的事。至于开玩笑的话题，应该避免触及诸如宗教、国事、大人物、个人的急事和要事以及任何令人同情的事情。然而，总是有些人偏要信口开河地说些尖酸刻薄、令人伤心的话，以为不这样做不足以显示其机智。这种癖好是应当抑制的：

　　　　小伙子，放下赶牛棒，多用力拉拉缰绳。①

而且，一般来说，人们分辨得出风趣与尖刻之间的不同。无疑地，有挖苦习性的人，令人因其话里有刺而退避三舍，当然也有担心人家记仇的必要。

问得多就学得多，也受人欢迎得多，特别是在发问时，其问题正合乎被问之人的特长的时候。因为这样做，他就向被问人提供了一个不吐不快的机会，而他自己就可以进一步获取知识了。但问题不可繁琐，否则就成审问了。还要明确的是，一定要留给他人谈话的机会。不仅如此，如果有人要霸占全部发言的时间，就设法引开这种人而使别人插言。如同乐师们见有人跳舞太久时，所惯于采取的行动一样。

如若你偶尔对人家以为你知道的事，装作不知道的话；那么下一次，对你不知道的事，人家也会以为你知道。说自己时应少说为佳，且当慎言。我认识一个人，他常这样笑别人说："他想必是个聪明人，他总是说自己这儿那儿的。"人要自夸而不失体面的唯一方法，是夸奖别人的优点，特别是所说的优点与自己自封的优点相一致的时候，更加见效。

少说伤人的话，因为谈话如同一片开阔的场地，没有针对张三李四的。我认识两位贵族，都是英格兰西部人士，其中之一喜欢讥笑人，但却素有在家中盛情款待人的习惯；另一位就向那些赴过宴的人打听："说实话，席上难道没有人受到奚落和嘲弄吗？"对此问题，那作过客的人答道："有过某某事。"这位贵族于是说："我想他会把一顿好晚餐给弄砸锅的。"

出言谨慎胜于雄辩，与我们所交往的人交谈，得体胜于恭维或逻辑性强。一篇十足的滔滔不绝的演讲，没有起伏的变化，则显得死气沉沉；一篇好的应答或连带的演讲，没有稳重的措辞，则显得肤浅和空虚。如同我们在动物界所见的那样,跑得最慢的动物转身最快,猎犬与野兔之间的分别即是如此。说话入题前,拉扯太多的枝节话是可恶的,什么不说就入正题,则是生硬的。

---

① 语出罗马诗人奥维德(Ovid,公元前43—公元 18 年)之《变形记》(Metamophoses)作品中。

论财富

我把财富称之为品德的包袱,除此之外,就再也找不到更好的词来形容它了。用拉丁语的"辎重"这个词要漂亮一些。因为,财富与品德的关系,正如辎重与军队的关系一样。辎重不可或缺,也不可留在后头,但它拖累行军;有时还因照顾不辎重,而错失了胜利,或打了败仗。

多财多富并无什么实质的用途,除了用于施舍外,不过是用于自我陶醉而已。因而所罗门说:"货物增添,吃的人也增添,物主得什么益处呢? 不过眼看而已。"①财富多到某种限度之后,就不能完全为个人所享受了。个人可以把财富积聚起来,把财富分配和捐赠,或者图个富有的名声;但对其本人,却无一点实质的用处。不是有人为了使巨富显得有些用处,而将区区一块小小的宝石或奇物珍品开出天价,以及大肆铺张以炫耀其荣华吗? 或许你会说,财富可以替人消灾解难,如所罗门所说:"财富在富人的想象中有如一座坚固的堡垒。"②这话说得十分精辟,因为它是在想象中如此,而其实不是。因多财多富而惹祸的人肯定比它所解救的人多。

不要追求用于炫耀的财富,而要取之有道,用之有度,施之有心,遗之有乐;也不要自命清高地或像修道士式地蔑视财富;而应当具体事物具体看待,如西塞罗论坡斯图穆斯③所说的精彩之言一样:"他之追求财富,明显不在于为满足贪婪,而是为求得一个行善的手段。"再听一下所罗门的话,聚财要小心,不可操之过急,"想要急速发财的不免受罚。"④

诗人们编造说,当普路托斯(即财神)受朱庇特之差遣时,老是步履蹒跚,拖拖拉拉;但当他受到冥王普路托之差遣时,就健步如飞,一路奔跑。其寓意就是,用正当的手段和方法得来的财富来得很慢;但是,因他人的亡故而得来的财富(如因继承权、遗嘱等缘由),则是突然从天上掉下来落到人身上的,而把普路托换成魔鬼的时候(如由欺诈、压迫和其他不正当手法而得来的财富),它们来得也是很快的。

致富的手法有很多,其中大多数是歪门邪道的。省吃俭用是最好的方法之一,但也算不上清白,因为它使人不肯为善事善举出力。改良田地是最自然的致富方法,因为田地的出产是我们自己的大地之母的祝福,只是藉此方法发财是很慢的。不过,若是有富人愿一心经营农牧业,则其财富的增加也会突飞猛进的。我曾认识一位英格兰贵族,他是时下最有钱的人,是一位拥有大片草原、牧场、林场、煤矿、谷仓、铅矿、铁矿及类似产业的大财主。因此,土地对于他来说,就是一片大海一样;取之不尽,用之不竭。

确有人称,他自己挣小钱难,赚大钱易。这是因为,当一个人富有到可以坐等市场时机好转,又可使一些常人无钱办理的交易做成,再有机会与年轻人在商业上成为合作伙伴,他就不能不发了。

从正常的生意和职业中赚得的是中规中矩的钱,主要有两种方法来获取:一是勤快,二是有老实做买卖的好名声。然而,用投机取巧的手段做成的生意,其获利有见不得人的味;当人有急需时,却靠仆人和一些手腕使人上钩,再用诡计排挤其他较公道的商人,诸如此类的许多做法,都是奸诈下流的。至于有人购物时使劲杀价,不是买来自用,而是为了倒卖,其行为通常是榨取卖者与买者双方的利益。与人合伙做生意,如果合作伙伴选择得当,信赖得过,确能发财致富。

　　放高利贷是最可靠的获利手法,固然它也是最坏的手法之一。这种手法可说是使放高利贷者坐享他人汗流满面的收成,⑤同时,又连每个礼拜日都是照样计息算利的。⑥不过,放高利贷虽是稳赚的,却也不无风险,因为中介人和经纪人常常为了自己利益,也会为信用不佳的人吹牛。

　　有人很幸运地有了某项发明,或先获得了某种使用权,常常也会暴富,如第一个在加那利群岛经营糖业的那人就是一例。因此,一个人若能成为一个实在的思路明晰的人,有发明,也有见解,他就可以大富大贵,特别是赶上时来运转之时。

　　靠固定收入的人是很难发财的,而把全部身家性命都拿去冒险的人,往往又会倾家荡产。因此,用稳定的收入作为冒险事业的保障,以备不测,不失为一个好方法。没有法律限制的话,垄断与独家专卖是发财的最好渠道,尤其是,在当事人有先见之明,预测到即将畅销的物品,先发制人,提前备好货就会特别有成效。

　　通过服务而获取的财富,固然财路最为正当,但它要是靠阿谀奉承及其他奴颜婢膝的行为而得来的话,那也算得上是一种见不得人的财富了。更卑鄙的是,那些专门从遗嘱之执行或监管权中图谋渔利的人,如塔西佗论塞内加时说的话:"无儿无女的人及他们的遗产都如入罗网一样,被他捕捉住了,"因为他们连对更为下贱的人,都愿意卑躬屈膝地去谄媚了。

别把那些表面上轻视财富的人当回事,他们对财富的轻视是基于他们对财富的绝望;要是他们能捞到财富的话,何尝不是比人更有过之。钱财上不要锱铢必较,它是有翅膀的,有时它会自己飞走的,有时得放它去飞,以引回更多的钱财来。

人到头来不是把钱留给亲属,就是留给社会,数量适中使两方面都受益最好。遗产太多,继承人便会成为觊觎攫取的对象,如其年龄和见识都未十分成熟,这样的遗产无疑就是把周围捕食的猛禽引来的诱饵。同样地,为虚荣而设的捐赠和基金会等,有如无盐的祭品⑦,不过是一座用施舍物品粉饰过的坟墓,其里面很快就会腐烂的⑧。因此,对于生前所做的捐赠,不要以数量为衡量标准,而应当使其适当;也不要把慈善捐赠拖到身后才做;因为,可以认定的是,死到临头才做的捐献,是在慷他人之慨,花的只是别人的钱,而不是自己的。

---

① 语出《旧约·传道书》第 5 章第 11 节。
② 语出《旧约·箴言》第 18 章第 11 节,今译是"富足人的财物是他的坚城,在他心想,犹如高墙"。
③ 坡斯图穆斯(Posthumus),一世纪罗马著名财政专家。
④ 语出《旧约·箴言》第 28 章第 20 节。
⑤ 语出《旧约·创世记》第 3 章第 19 节中上帝所说"你必汗流满面才得糊口"之背景。当人类始祖亚当和夏娃不顾上帝之告诫,顺从撒旦之引诱而犯罪之后,上帝对始祖说:"地必为你的缘故受咒诅,你必终身劳苦,才能从地里得吃的。"(第 17 节)又将

其逐出伊甸园。

⑥ 培根此语指其反智处,缘于《旧约·出埃及记》第20章第8—11节中所记,上帝传与摩西十诫之第四诫说:"当纪念安息日,守为圣日。六日要劳碌作你一切的工,但第七日是向耶和华你神当守的安息日。这一日你和你的儿女、仆婢、牲畜、并你城里寄居的客旅,无论何工都不可作。因为六日之内,耶和华造天、地、海和其中的万物,第七日便安息,所以耶和华赐福与安息日,定为圣日。"此安息日在日期上即今公历中的星期六。严守十诫律法的犹太人至今都依此而行,不作工,不计利息。后因耶稣基督死后复活,是在七日的第一日,即星期日,基督徒为纪念这一日,而定为主日,或称礼拜日,以此作为新约时代的安息日,并接纳一切有关安息日当守的中心原则。后罗马帝国各地以基督教为国教以后,此一定例亦成为俗文化之一部分。

⑦ 语出《旧约·利未记》第2章第13节上记上帝对摩西吩咐献祭之例时说:"凡献为素祭的供物都要用盐调和,在素祭上不可缺了你神立约的盐,一切供物都要配盐而献。"古时双方立约,吃盐为约,故有"立约之盐"之说。耶稣又嘱咐其门徒作"世上的盐"(《新约·马太福音》第5章第13节)。

⑧ 语出《新约·马太福音》第23章第27节所记耶稣的话:"你们这假冒为善的文士和法利赛人有祸了! 因为你们好像粉饰的坟墓,外面好看,里面却装满了死人的骨头,和一切的污秽。"

论预言

我所要讨论的预言,既不是指上帝的启示,也不是指不信上帝的人的谶语,更不是指自然现象的预兆,而不过是指世人记忆中已应验,却又不明来由的预言。女巫对扫罗说:"明日你和你众子必与我在一处。"①荷马有一个看上去像是关于古罗马帝国预言的诗句:

> 但是埃涅爱斯家族将统治各地,其子子孙孙,代代如此。

悲剧作家塞内加也有这么几句关于发现美洲的预言诗句:

> ——未来将迎来一个时代
>
> 海洋会松开自然的捆绑
>
> 露出一个辽阔的大陆
>
> 蒂菲斯要揭示一个新的世界
>
> 图勒将不再是地上的边缘②

波吕克拉特的女儿梦见朱庇特为她父亲洗澡,阿波罗为他抹油,结果波氏被钉在露天处的一个十字架上,他在那里被晒得浑身是汗,再被雨水冲洗。③马其顿王菲力普二世梦见他把妻子的下腹给封住了,他于是硬说他妻子生不了小孩了;但预言家阿里斯坦德却对他说,是他妻子怀孕了,因为常人不会去封住空瓶的。那个在帐篷里出现在布鲁图身边的幽灵对他说:"你会在腓力比再见到我的。"④提比略曾对加尔巴说:"加尔巴,你也会尝到王权的滋味。"在韦斯巴芗的时代,东方盛传一个预言,说是来自犹太的人将统治整个世界。这一点固然可以视为是指救世主耶稣而言,但塔西佗却硬是指韦斯巴芗说的。图密善在被刺前夕,梦见自己脖子后面长出一个金头来,结果,其继承人的确成就了多年的太平盛世。英王亨利七世小时候有一次端水给英王亨利六世,亨利六世说:"这小家伙才是将来享用我们争来争去的皇冠的人。"

我在法国曾听一个名叫帕纳的医生说过一个故事,说法国皇太后当年迷信法术,便把其夫之生辰安了个假名,拿出去叫人卜算。占星家断定说,此人将死于决斗中。太后听后大笑,心想她丈夫才不消接受人的挑战或决斗之事。但是,后来在一场马上竞技的比赛中,国王果然被杀,卫队长蒙哥马利的矛头的碎片误入其面甲里。⑤我小时候正是处于伊丽莎白女王的鼎盛期,我听到过这样一个在当时广为流传的预言:

> 当麻织成了线,
>
> 英格兰便完了。

大家都普遍认为这个预言意思是说,"麻"(Hempe)这个字即是由几个君王名的第一个字母排列而成,即等到这几位君王(亨利

Henry，爱德华 Edward，玛莉 Mary，菲利普 Philip 和伊丽莎白 Elizabeth)之王朝一过，英格兰便会完全被消灭。感谢上帝，这事多只是应验在国名的更改上：国王如今的尊称不再是英格兰王，而是不列颠国王了。⑥

还有一个在 1588 年前流传的预言，意思连我也理解得不透：

> 等着瞧吧，
> 在鲍奥岛和梅伊岛之间，
> 挪威的黑色舰队。
> 当它来了又去了，
> 英格兰就要建造石灰和石头房子，
> 因为战事一过，也就不再打仗了。

这个预言在一般人看来就是指 1588 年来的西班牙舰队，因为据说西班牙国王的姓氏即为挪威。雷乔蒙塔努斯⑦的预言是：

> 88 年，一个奇年。

这个预言同样也是在西班牙舰队的远征上应验了。在海上游弋的军舰中，这个舰队不是舰数最多的，却是力量最强的。

至于克里昂的梦，我想那是个笑话。说他梦见自己被一条巨龙吞下肚去，有解释说那是一个作香肠的人曾经找了克里昂很多的麻烦⑧。这样的事还有很多，特别是把梦和占星学的预言包括在内的话。我只举几个有根据的例子而已。

我认为，对这些东西都应一笑置之，权当它为冬天火炉前聊天的笑料而已。我这样说的意思,就是不值得去信;但在其他方面,传播、散布这些东西的行径是决不可一笑置之的。因为这些东西贻害无穷,我知道有许多严厉的法律对其予以禁止。

预言之所以大行其道,又为人所信,乃是因为三方面的原因:第一是人们只记录已应验的预言,而不记录落空的预言,像人们对于梦的态度那样。第二是模棱两可的推测或暧昧的传说常会演变为预言,而人类天生渴望预知未来,认为将他们推测的东西预告一下没有什么危险。就如塞内加之诗作一样,因为那时有很多可证明的看法是,认为地球在大西洋的西面还有很多地方,且这些地方未必就是汪洋大海;加之柏拉图的《蒂默亚》及他的《大西岛》的传说,就可以激发人将这种说法变成一种预言。第三点,亦即最后一点,也是最要点,几乎所有这些数不胜数的预言,都是骗人的,是彻头彻尾地由无聊和诡诈之徒在事后凭空捏造出来的。

---

① 语出《旧约·撒母耳记上》第 28 章第 19 节,意指扫罗的众子必死。事缘古以色列首任国王扫罗(Saul)因做恶事,遭立他为王的上帝的弃绝,故在强敌压境的危急中,不顾自己曾经所禁止交鬼神之律例,托一个交鬼的妇人,召已故之先知撒母耳之魂寻求神旨,未及妇人作法,上帝差撒母耳出现,宣布此咒语。此语实际上是撒母耳直接对扫罗所讲,培根此说有误。后扫罗大败,与其三子同时被杀。

② 蒂菲斯(Tiphys),希腊神话探险船之领航员。图勒(Thule),上古时北极地区的称呼。

③ 波吕克拉特(Polycrates),公元前 6 世纪萨摩斯岛的头领,后被擒,并被钉死在十字架上。

④ 菲力普二世之妻诞下之婴,即长大后英勇无双的亚历山大大帝。而布鲁图则也应了那预言,战败后自杀。

⑤ 指法王亨利二世之死的事。

⑥ 英国与苏格兰合并为一个大不列颠国,时为英国都铎王朝的亨利八世(Henry Ⅷ)、爱德华六世(Edward Ⅵ)、玛莉(Mary)、菲利普(Philip)及伊丽莎白一世(Elizabeth Ⅰ)刚刚过去之际。

⑦ 雷乔蒙塔努斯(Regiomentanus, 1436—1476),德国天文学家。

⑧ 克里昂(Cleon),公元前 5 世纪雅典著名活动家。

论野心

野心好像体液中的胆汁一样,分泌顺畅的话,就会使人活跃、认真、敏捷、激奋;但是它一旦受到阻碍,又不通畅时,就会使人变得焦躁,进而转为恶毒的了。

因此,野心勃勃的人看到升迁有路,又不停地有进步时,他们就会忙得不亦乐乎,不会有什么危险;但是,当他们的欲望遇到挫折时,他们就会怀恨在心,看人看事都不顺眼,好像唯有大家都不顺利时才会开心似的。在国王和国家所任用的公仆身上,这样的品性乃是最恶劣的。所以,君王最好根本就不要用有野心的人,即使要用的话,最好也要安排他们一路有升无降,但这样做太麻烦了。这种人如果做的事情多了,又未被升职的话,他们就不会好好地做事。正如上文所述,除非别无其他人选,最好不要用天性中有野心的人。为此,我们讨论一下何种情况下,才是非用这种人不可的。

打仗要用良将,不论其野心如何,因为其功劳之所长可以盖过一切之所短。用一个军人,又不要他有野心,就等于不要他有冲劲一样。有野心的人还有一个大用处,就是为陷于危难和民愤中的君王护驾。因为他这样的人有如一只蒙住眼的鸽子,不顾一切使劲向上飞腾,没有这样的人,谁也不愿担当这种角色的。有野心的人也可用来去打倒任何功高盖主者的权势,如提比略用马可罗来打倒塞雅努斯就是一例。

既然在这些事例中,有野心的人是非用不可的,我们还是要说一下,对这些人应当如何驾驭,以使其不致那么危险。在这些人中,出身卑微的,就比出身高贵的人少些危险;天性暴躁的,就比天性温和而得人心的少些危险;新提拔的,就比资历长而城府深的人少些危险。有些人把君王有宠臣的事当作一个弱点,其实,它是所有对付有权势的野心家的方法中最有效的。因为当君王之喜怒哀乐都系于宠臣一身时,其他任何人就不会有坐大的可能。还有一个牵制这种人的办法,就是用和他们一般妄自尊大的人与之抗衡;不过,这样做就必须安排好居中调停的大臣,以便稳定大局。不然的话,就像船舱里没有压舱沙袋,颠簸起来就会过于剧烈。至少,国王可利用一些出身卑微的人与野心家作对。至于想方设法使有野心的人地位不保,令其随时下台这一招,对于一群懦弱的野心家或许有效,但对那些胆大妄为的野心家来说,反倒会刺激他们的谋反,结果反成一种危险的办法。至于真有必要打倒这些野心家,又恐有不测而不能轻举妄动的话,唯一的方法就是反复不停地又赏又罚,使其有如在丛林之中一样,无法预知会有何事发生。

在各式各样的野心中,那些只想在大事上出风头的野心,比那些事事都争强好胜的野心为害少些。因为后一种人惹是生非,又常坏事。不过,让一个有野心的人自己在工作上忙来忙去,比让他在其拥护者那里深受仰慕要危险小些。一个人想在能干的人才中出人头地,是一种极其艰难的事情,但它总是有益于社会的。然而,那种图谋把人家当作零,把自己当作领头的唯一数字的人,则是有害于整个时代的。

位居高位,好处有三:有行善济世的优越条件,有与国王与权贵的攀龙附凤的机会以及个人自己发财致富的机会。一个人追求上进,若是以第一点为其出发点,就不失为一个正人君子。而能在心怀不同动机的人中,分辨出怀有这种出发点的人的君王,肯定就是一位贤明的君王。总体而言,君王和国家在选用大臣的时候,要选用那些看重责任甚于看重高升,以及事业心甚于虚荣心的人。总之要分清,哪些人是爱管闲事,哪些人是诚心做事。

论人的天性

天性总是隐秘的,有时可予以克服;但是很难完全戒除。用压抑的方法,只会使天性有更强的反作用力;用教育和诱导的方法,则会减小天性的困扰;但是,唯有长期养成的习惯,才真正改变和制服天性。

欲征服自己天性的人,不要给自己定下太高或太低的目标。目标太高,就多会失败,因而令自己灰心;目标太低,固然多会成功,但不过只是小有进步。这样来说,不妨在开始的时候,借助于外力来练习,如同初学游泳的人借助气囊和草桴一样。但在一段时日之后,就应当在有难度的条件下练习,如同舞蹈家穿着笨重的鞋练舞一样。如果练习所用的功夫比实际应用要求的难度都大的话,那么效果就更为完美了。

如果天性中的顽固处难以克服的话,就要慢慢来了。首先,要靠时间来适时地制服天性,如同有人在生气的时候把 24 个^①字母从头到尾背一遍以消气一样。然后是减小对恶习之放纵,如酗酒者从一瓶酒减到一盅酒那样。最后一步才是,将一切毛病完全戒除。不过一个人若有毅力和决心,使自己一下就脱胎换骨,那是最好不过的事:

能挣断擦伤自己胸膛的枷锁，

一劳永逸地不再受罪的人，

方是最肯维护灵魂自由的勇士。②

另有一种古已有之的定律，用起来也是不错的，即将天性反其道而行之，就像把一根弯曲的棍子弄直，便要反过来弯过头一样。但不要矫枉过正，否则就有负作用了。

建立一个新的习惯要有一定的间歇性，不要连喘息都没有地一直强制不断地进行下去。一来因为稍事停顿，可以使新的起步得到强化的效果；二来，设想一个非十全十美的人，老是在不停地练来练去的话，他就在练了自己能力的时候，也会强化自己的缺点；而且使这两方面一并带进一种新习惯。这种情形，如果不用适当时机间歇的这种方法，是无可救药的。③

不过，人对天性的征服，也不能信得过了头。因为天性会长期地潜伏着，直到在一定场合受到诱惑时才会再度活跃起来。就像《伊索寓言》中那位猫变的少女一样，她在餐桌边坐得好好的，可一见到有一只老鼠在她面前跑过的时候，就再也坐不住了。因此，要么让人彻底避开这种场合，要么就多接触这种场合，以便见怪不怪、无动于衷了。

最使人的天性显露无遗的，是在私生活里，因在其中是没有掩饰的；还有是在激动的时候，因激动使人忘却了一切准则；再有就是在试验一种新事物时，因在这时是无先例可循的。

职业合乎天性的人是有福的。相反地，那些从事于他们所不喜爱的事业的人，可以这样说："我的灵魂许久以来都是寄宿的。"④做学问上，如果一个人想强逼自己去钻研不合自己天性的事,就要有限定的时间安排;但对合乎自己天性的学问,就不必做什么时间限定了,因为他的思想会自然而然地飞向合乎天性的那个地方,只要其他事情或钻研所剩余时间够用即可。一个人的天性要么长成芳草,要么变成杂莠。所以,他应当见杂莠而予以铲除,见芳草而及时浇灌。

---

① 培根时代的英语字母表中因 i 和 j、u 和 v 尚无书写上的区别,故只有 24 个字母。另见本书《论友情》篇注⑭。
② 语出《奥维德》(Ovid)诗作。
③ 参照《圣经》上关于安息的教训更深入一些,它最鼓励所有人都进入上帝所应许和赐福的安息中。《新约·启示录》第 14 章第 13 节上记:"圣灵说,是的,他们息了自己的劳苦,做工的果效也随着他们。"因为,"我们得救是在乎盼望"(《新约·罗马书》第 8 章第 24 节);"所以,我们务必竭力进入那安息"(《新约·希伯来书》第 4 章第 11 节)。
④ 语出《旧约·诗篇》第 120 篇第 6 节之旧版,今译为"我与那恨恶和睦的人许久同住。"

论习惯与教育

人们大多是依从自己的天生的偏好来思想的;依从自己所学的见识来谈论的;但同时又是依从长期养成的习惯来行动的。

正因此,马基雅弗利精辟地说(虽然他用的是一个见不得人的例子):天性的冲动和豪言壮语的英勇是靠不住的,唯有当它们确定成了习惯以后,才是可信的。他用的例子是,为了完成一件刺杀的阴谋,光靠某人天性凶残或信誓旦旦是不行的,而应当找一个以前就双手沾过鲜血的人。可惜马氏不知道有个叫克莱芒的修士,以及一个叫拉瓦亚克和一个叫若雷吉的人,也不知道有位鲍·热拉尔[①]。但他的定律却是铁定不变的,即,天性也罢,承诺也罢,都不如习惯那么可靠。

不过,如今宗教狂热大行其道,以至初次杀人的人,简直和职业杀手一样镇定;献身的誓言决心,也和习惯一样有异曲同工之作用,即使在流血的事上亦不例外。

在未受宗教狂热影响的其他事上,习惯所起的绝对支配作用仍是到处都可见的。令人诧异的是,其作用力之强,以至于常听见人们在发誓、保证、承诺、夸下海口之后,不过是说归说,做归做;从前做什么,怎样做,跟着还是照样做什么,怎样做,好像他们是无生气的雕像以及靠习惯的轮子来推动的机器似的。

　　我们都已见到，深受习惯之辖制或虐待的事，简直到了令人发指的地步。印度人（我指的是他们的有识之士的一个宗派）自己会静静地躺在一堆木柴上，然后用火自焚作为献祭。不仅如此，妻子们还要争抢着与丈夫的尸体一同葬身火海。古代的斯巴达小伙子甘心乐意地在月神狄安娜祭坛上受鞭笞，连一声也不吭。我还记得在女王伊丽莎白王朝早年的英国，曾有一被判死刑的爱尔兰反叛分子上诉总督，请求准用柳枝而不用刑索来绞死他，理由是以前对反叛分子的惯例都是这样做的。俄罗斯有些修道士，为了赎罪而苦修，在水池里坐了一夜，非要熬到他们和硬冰块冻在一起不可。习惯对人的身心两方面的影响力的例证，不胜枚举。

　　所以，既然习惯成为人生的主宰，人们就应当尽量养成良好的习惯。当然，习惯如果始于早年乃是最好的了，我们称之为教育。其实，教育不过是一种早熟的习惯而已。故此，比起年龄大的人，年轻人舌头比较灵活，在言语上更能学到各种表述及发音；身体各关节也比较灵活，更适于做各式的竞技和运动，这些都是我们能理解的。的确，年龄大了再学的，便不能自如地动作。也有些人，心志开放而不闭塞，随时准备接受不断的完善，但这种情形毕竟只是凤毛麟角。如果说，单个人的习惯已经够力量强大的了，那么在团体中，有范例可学效，有同伴可劝慰，有竞争可激励，有荣誉可建立，则在这种地方，习惯的力量可以说是到了登峰造极的地步。

　　毫无疑问，美德在人的天性里发扬光大，离不开一个秩序井然、管理有方的社会环境。联邦政体及其各级政府都是在助长

已有的美德,而不太追求对美德种子的改良。可惜的是,最有效
的工具,如今却被用在最不值得的事情上。

---

① 克莱芒(Friar Clement),于 1589 年刺杀法王亨利二世;拉瓦亚克(F. Ravillac)于 1610
年刺杀法王亨利四世;若雷吉(Jaureguy)于 1582 年行刺威廉亲王未遂,后由鲍·热
拉尔(Garard)于 1584 年刺杀得手。此四例均在马氏过身后多年。

论幸运

    无可否认，外界偶然发生的事件常常很大程度上带来了幸运，如恩宠、机遇、别人的过世、生逢其时的环境。但是，多数情况下，幸运还是在人自己手里把握着的。有诗人说："每个人都是他自己的幸运的设计师。"在幸运的外在原因中，最常见的就是有人干了蠢事，因而给他人带来幸运。因为，若不是借着别人犯错的机会，谁也不会发迹得这么快："不吃蛇的蛇焉能成龙。"

    外在的优点可赢得赞赏，但内在的优点才赢得幸运，那就是一种自我调整的品德，它难以名状，或许可以用西班牙语的名词"随机应变"表达出来，其意思是说人的天性中没有什么不对劲或别别扭扭的东西，而是心志随遇而安。因此，李维在描述加图①时，先是用这种措词说："他有如此强的体魄与心志，生在天下什么阶层的家庭，都会为自己交上好运的。"然后，他才顺便提到他是"多才多艺"的。因此，如果人专心致志地四下打量的话，就肯定见得到幸运女神的。因为，虽然她是双眼看不见人的，但她却不是隐而令人不见的。

    幸运之路有如天上的银河。银河是由许许多多小星星聚集或合在一起而成立的，不是一个一个看得见的，而是一起发光的一条光带。而使人幸运的也是由许许多多微小的、难以分辨的美德,或者更确切地说才能和习惯之合成的结果。这些美德之中有一些东西是一般人不太去思考的,却让意大利人注意到了。他们形容一个做事从不出错的人,肯定会在说他有其他什么特质时,加上一句,说他"有点傻气"。说实在的,带点傻气,但不是老实透顶的那样,这才是带来幸运的两种无与伦比的特性。因此,极端的爱国者或忠仆从来都不是幸运的,也是不可能幸运的。因为当一个人不考虑自己的话,他就不是在走自己的路。突如其来的幸运,会把人变成投机家或见异思迁的人(法国人有更恰当的名称,即"冒险家"或"盲动家"),而出于千锤百炼后的幸运,才会把人造就为人才。

应该尊重幸运女神,哪怕只是为了她的两个女儿"自信"和"信誉"的缘故也好。她们俩都是幸运女神所生的。幸运女神在幸运者自己心中生了"自信",在他人心中生了对幸运者的"信誉"。凡是有智慧的人,他们为避免其特长引致嫉妒,都惯于把这些特长归功于上帝或幸运女神,这便可以更稳妥地享用其特长了。况且,有上天之力的眷顾,正可见其不凡。为此,凯撒对在暴风雨中的舵手说:"你所运送的可是凯撒和他的幸运啊!"为此苏拉给自己选的称号是"幸运的",而不是"伟大的"。

为人所关注的是,凡是公然把幸运的事归功于自己精明和谋算的人,结局都是不幸的。书上曾记载雅典人提谟修斯[②]在他向联邦政府报告他的功绩时,不时插入这样一句话说:"此事是和幸运不沾边的。"此后,他无论做什么事都不顺。当然,也有些人,其幸运有如荷马的诗句一样,具有比其他诗人之作品更多的韵致和自如。普卢塔克在比较提摩里昂和阿盖西劳或伊巴密诺达③的运气时,用的就是这个比喻。这样来看,人固然有幸运与否的不同,但其关键无疑还是取决于其个人自己。

---

① 李维(Livy,公元前 59—公元 17),古罗马名历史学家。加图(Cato,公元前 234—前 149),出身农家的古罗马著名社会活动家。
② 提谟修斯(Timotheus),古希腊名将军,后死于流亡中。
③ 提摩里昂(Timoleon)、伊巴密诺达(Epaminondas),均为古希腊名将军。

论青年与老年

一个没有虚度光阴的人,即使年岁尚轻,亦可阅历老成;不过,此事并不多见。一般来说,青年人就像人初现的闪念一样,是不如反思来得睿智的。因为在思想上,也有像年岁上的青年一样的一个阶段。可是,青年的开创力要比老年人活跃,想象的灵感也更容易涌于他们的心头,更神通自如。天性偏激、欲望强烈又焦躁不安的人,只有过了中年之后,才是成熟到了适合做事的年纪,正如凯撒和塞维鲁的情况一样。对这位后者,曾有人说:"他年轻时放浪形骸,一塌糊涂。"但他恐怕也是罗马皇帝中最能干的一位。天性持重的人,是可以在年轻时就有所作为的,例如奥古斯都大帝、佛罗伦萨大公科西莫以及加斯东公爵①等等,就是这样。另一方面,年纪虽大却热忱与活力不衰,就是大有作为的超凡气质。

青年人善于创新而不善于判断,善于行动而不善于谋划,善于新项目而不善于循规蹈矩。而对老年人来说,对在其经验范围内的事物,是可以驾轻就熟的;而对新的事物,其经验则是无用武之地的。青年人犯错会坏事,老年人犯错则充其量是应多做的未做到,应早做完的而迟延了而已。青年人办事常眼高手低、虎头蛇尾、急于求成、不问手段和难度可行与否;对偶然听闻到的某种主义,便热衷到荒唐的地步;不屑于改良,进而带来预料不到的麻烦;纠正错误时一上来就用极端的补救方法,而且,即使这样做会错上加错,也死不认错,好像一匹受惊之马,不肯停下来,也不肯转个弯。老年人则对事否定得过多,顾虑得过久,冒险太少,反悔太快,很少将事情进行到底,反而却以做得有些眉目了而自鸣得意。

无疑地,最好是兼用这两种人。它可收立竿见影之功效,因为这两种年龄的人可以互相取长补短;这也有益于后起之秀,因为有年长者在台上做事,年轻人可有所学习;还有最后一个好处,是有利于处理意外事件上,因为老年人有权威,青年人又受人喜欢。

但在道德上,青年人也许要鲜明突出得多,就像在世故上,老年人要练达得多一样。有经文说:"你们的少年人要见异象,你们的老年人要见异梦。"②据此,曾有一位犹太拉比在释经时推论道,青年人比老年人要靠近上帝一些,因为异象是一种比异梦更清楚的启示。人涉世愈深,肯定就愈老于世故。年长的益处与其说是在意志与情感方面的美德的增长,不如说是在理解力的增长而已。

有些人在年岁上早熟,却会随时间而早衰。在这些人中,第一类是那些有点小聪明,但很快会江郎才尽的人,如修辞学家希摩热内斯③,其著作深奥至极,但他后来却成了一个呆子。第二类是那些有某种天分,其气质可在青年人身上发光,却不能在老年人身上使其增色;比如运用流畅华丽言辞的气质,它就是一种青年人用起来要比老年人更适合的气质。因此,佗雷曾评论奥滕修斯④时说道："当他的老一套对他不再适宜的时候,他还是照老样子来。"第三类是那些开始志向远大,而后难以为继的人,例如西庇阿⑤就是这样,事实上,李维说他是"有始无终"。

---

① 加斯东(Gaston,1489—1512),年轻时即任法国驻意大利统帅。
② 语出《新约·使徒行传》第 2 章第 17 节,其原出处在《旧约·约珥书》第 2 章第 28 节。
③ 希摩热内斯(Hermogenes),公元 2 世纪希腊修辞学家。
④ 佗雷(Tully)即西塞罗;奥滕修斯(Hortensius),公元前 2 世纪古罗马律师。
⑤ 西庇阿(Scipio),公元前 3 世纪古罗马将军。

论美

　　美德就像宝石一样,最好是镶嵌在朴素的底上。一个长得虽不俊秀,但举止得体的人,其身上所带的美德,肯定比美貌的人身上的美德更显得高贵。外在美的人几乎难以同时兼有什么内在美,生命好像更着重但求无过,也不求完美似的。因此,那些多才多艺的人不见得品格有多高尚,他们讲究行为,而不求德性。不过也有例外的是,奥古斯都大帝、韦斯巴芗帝、法兰西国王、英王爱德华四世、雅典人亚西比德、波斯王伊思迈一世等都是志向远大的勇者,同时又是当时的美男子。论起美来,相貌之美胜于粉饰之美,而端庄优雅的举止之美又胜于相貌之美。美之极致之处,是既不能用图画表达得出,也不是一眼就能看到的。

　　超凡脱俗之美,无不是在比例上有奇妙之处的。比较阿佩利斯和丢勒①这两人,真不知谁更可笑;他俩之中,前者根据几何学上的匀称比例画人,后者则从几个不同面孔中选取最漂亮的部分合成一个完美的面孔。对于这样画出来的人,我想,除画家本人以外,谁也不会喜欢的。这并非是我认为画家不该画出一张前所未有的美脸来,而是说,画家应以一种神来妙笔来做事，就像一个音乐家作优美之乐曲一样，而不是靠一种公式。不同的脸面见得多了，如果把他们分开一块一块地来看，看不到什么好看的；但从整体上看，那些脸面就漂亮多了。

如果说，最引人入胜的美果真是在优雅之举止中的话，人上了年纪看上去反而更加可爱就不足为奇了。"美人的中年就是美。"年轻人要不是被人宽容相待，并以其青春来充实其宜人之处的话，那是为人所看不上眼的。美就像夏季的水果，腐烂快，保存难；而且，多半情况下，美使年轻人放浪，也令年长者有些失分。然而，这也再次从另一角度肯定了前述的观点：如果美得到发扬光大的话，它会使高尚品行锦上添花，使卑劣恶举相形见拙的。

---

① 阿佩利斯(Apelles)，公元前4世纪希腊画家；丢勒(Durer)，15世纪德国画家。

论残疾

残疾人与天理之间大概是谁也不欠谁的;天理对其不仁,他们对天理同样不义。他们中的大多数(如《圣经》所说的那样)是"无亲情"①的,这样说来,他们也是在报复天理了。

灵肉之问确有关联,一方机能有问题,另一方也就不免出差错了。但是,如果说人性在体格上有欠缺是无可奈何,那么,人性对心智还是有一种选择能力的。这样,原有的倾向才像星辰一样,有时也会被品德和修养这样一种太阳的光芒所笼罩。所以,最好不要把残疾看作是一种标志着更大程度上被动可欺的结果,而应当把它视为一种原动力,它的作用发挥起来是很少不见效的。

人体上有缺陷确实是招人白眼的,于是,心里便不断挣扎着要使自己摆脱被看不起的困局。所以,残疾人胆子都很大。这种胆大开始时是为了在被人看不起时的自卫,后来渐渐积累便成了习惯。残疾也使人勤奋,特别是使人勤于关注和观察别人的弱点,以便有所补偿。

另外,残疾也消除了其上司对其的猜忌心,因为做上司的以为这种人是可以随便不当回事的;残疾也麻痹了同辈中的对手和仿效者,因为他们如不眼见为实,他们是从不相信残疾人是有升迁的可能的。所以,就此而言,残疾对于一个才智超群的人来说,倒是一个使人飞黄腾达的有利条件。

古代帝王们(在当代也有好几个国家如此)常常十分宠信宦官之流,因为那种愤世嫉俗的人最会听从效忠于一人的。但是,帝王们宠信宦官,不是出于把他们当作贤良的官吏,而是仅以其作为好密探和打小报告的人的。宦官和残疾人的情况都大概如此,其共同之处是:其中的有头脑的人,都决心要使自己摆脱被人看不起的处境,方法不外是出于善的或恶的。结果,残疾人有时竟显现为了不起的人杰,也是不足为奇的,如阿盖西劳、苏莱曼一世之子桑格尔、伊索、秘鲁总督加斯卡②。而且,连苏格拉底以及其他许多人也是可以算在这几种人之内的。

---

① 语出《新约·罗马书》第1章第31节,原意指"一切不虔不义的人"的特点。培根在此引用有滥用的痕迹。
② 桑格尔(Zanger),苏莱曼一世之子,有"驼背"之号;加斯卡(Gasca, 1485—1567),西班牙籍主教。

论建筑

　　建造房屋是为了在里面居住,而不是为了在外面观看的。所以,如果这两方面不能兼顾的话,就应先满足实用而后才照顾美观。把那些专门盖起来当作看着玩的房屋,留作诗人们的海市蜃楼吧,反正他们盖这些东西花不了什么钱的。

　　把一所好房子建在环境差的地方,是在为自己盖一座监牢。所谓环境差,我指的不仅是那里空气不好,也包括气温冷热不匀的地方。常见有许多好看的房子建在一个小山丘上,四下里群山环绕,不但阳光的热量聚积在那,空气也不流通,像是闷在槽子里一样,因此,住在这种地方会忽冷忽热,感觉上俨然是到了几个不同的地方似的。

　　造成环境差的因素,不仅限于空气差,也包括道路差,商场欠佳;如果咨询一下莫摩斯的意见①,连邻居不好都算额外的一项缺点的。尚有许多事我不想多说,如缺水、缺树荫和遮凉处、缺水果和不同土质掺杂的园地;景不够开阔,地不够平坦,附近也少有打猎、放鹰、跑马之类运动的去处;离海太近或太远;不是欠缺可通航的便利,就是遭受河水泛滥之祸;离大城市过远,做事不便,或者,离大城市过近,生活费用高;在那里的家业太大,故而备受限制;地方太大,则使人感觉太空。所有这些事情,不一定全凑在一起;为此,最好应认识这些事情,并加以考虑,以便尽可能地取其所长。要是有几处住房的话,也可以使它们搭配一下使用,以便某一处房屋没有的东西,可在另一处找到。卢库鲁斯②对庞培的回答很有见地。有一次,庞培看见卢库鲁斯的一处房屋中有富丽堂皇的长廊,宽敞明亮的房间,就说:"这真是一所避暑胜地,但到了冬天,你怎么办?"卢库鲁斯答道:"难道你认为我没有鸟儿那么聪明吗? 连它们到冬天快来时都要挪窝的。"

---

① 莫摩斯(Momus),希腊神话中专挑毛病的神。传说他嫌智慧女神没有为房子安装轮子,不便在必要时躲避不良的邻居。
② 卢库鲁斯(Lucullus),古罗马名将军。

论谈判

　　与人谈判的效果，通常是当面洽谈胜过书信洽谈；托人洽谈胜过自己亲自出马。如果为了要得到对方书面回答，或者为了有书面的证据作为将来为自己辩护之备用，又或者因为担心谈话被人打断，有被人断章取义之危险，还是书面洽谈的效果较好。如果为了表达致意，如通常对身份较低的人的情景，或者处境微妙，要靠察言观色来决定谈判的程度，以及一般情况下，为保留进退之余地的时候，面谈的效果较好。

　　托人洽谈时，最好是选用老实一类的人，这些人受人之托，便会忠人之事，且实实在在地报告进展。不要选用那些善于取巧的人，这些人常在为人做事时，处心积虑地谋求自己的好处，好大喜功，报喜不报忧。选用人还要选行家里手，因为熟手办事快。同时，又要因人而用：投诉时用直来直去的人；规劝人时用能言善辩的人；调查了解新情况时用机灵的人；办理那些不完全占理的事情用认死理的人。做事一向幸运，对你曾经委托的事又办得顺利的人，也是应当选用的，因为这种情况形成了信誉，他们为维护自己的信誉，也会努力的。

　　与人谈判时，谈话最好旁敲侧击，而不是单刀直入，除非你故意开门见山，为的是使他出其不意，大受震动。在谈判的对象中，最好是找那些急于求成的人去谈，而不要找那些无所谓的人。如果谈判讲好了条件的话，谁先履行这些条件就是至关紧要的问题，除非事情逼到非得对方先行一步不可的话，谁也没有理由要求对方如此而行的；当然，如果你还有其他一些事情将有求于他；或者让他相信你是个老实人，这样，对方就肯先行一步了。

谈判的所有计策，都不外是为了把握底线和事情的进展。当人们在信任下、在激动中、在无戒心时，以及想做某事又苦于找不到适当借口的万不得已时，他们就会亮出自己的底线来。如果你想左右对方，你就得把握其性情和习惯，以便诱服他；或者，把握其目的，以便劝服他；或者，把握其弱点和短处，以便慑服他；或者，把握对其有影响的人，以便说服他。

与狡诈的人谈判时，得认清他们的真实用心，以便把握其言外之意；并且，话不宜多，要说也是出其不意的。凡是谈判有困难的，是不可能指望一蹴而就的；相反地，应该认真筹划，然后一步一个脚印地达到目的。

论随从与友人

　　谁都会讨厌费事的随从，惟恐自己变成孔雀那样，尾巴长了而羽翼短了。所谓费事的随从，不仅是指那些花费钱财的随从，也包括那些烦人和死缠硬磨的人。其实，除了主人主动提供的照顾、推举以及免受恶待的庇护之外，一般的随从不应有更高的要求。

　　结党营私的随从更令人讨厌，因为这些人投靠主人并加入随从之列，并非出于对主人的仰慕，而是出于对他人的不满。由此也导致产生了我们常见的大人物之间所形成的误会。同样地，好虚荣的随从，常到处吹嘘主人的名声，惹是生非，既泄了密又坏了事；不仅有损于主人的名誉，还使主人遭受别人的嫉恨。还有一种随从也是差不多的险恶，他们事实上是一种奸细，他们常常打探主人家中的隐私，再把它们散布给别人。可这种人却大多深受主人的恩宠，因为他们一方面搬弄是非，另一方面却对主人殷勤逢迎，还可以用主人家的隐私交换得来的人家的隐私，满足主人的好奇。

　　对杰出的人所从事的事业予以认同而去追随的随从（例如一位久经沙场的人，有许多追随的军人之类的事)，向来都是合情合理的,即使在君王眼里也是说得过去的,只要不过于张扬或过于受民众的拥戴即可。但最值得尊敬的一种追随行动,就是那种认同主人有志于发挥各种人之德才,而去追随的。

不过,当选用人找不到德才兼备到完全胜任的人时,与其选用能干的人,还不如选用四平八稳的人。此外,说实在的,在一个人心不古的时代里,上蹿下跳的人比品性正直的人吃得开。在管理上,最好是在用同一资历的人时,要一视同仁。因为,破格优待一些人,就会使被优待者骄横,使其他人怨恨,因他们有相同的资格,是应得到相同的待遇的。但豢养门客的情况则与此相反,最好是在用人上加大亲疏之别。因为这样可使被器重者更为感恩戴德,使其他人更为勤奋,因一切的机会都是出于主人恩德的。明智的做法是,对于任何人都不要一上来就过于厚待,因那样在其后是难以为继的。

仅对某个随从言听计从(如人们所指的现象那样),那是不安全的。因为这样做就显出了主人的无能,且留给人败坏自己名声的空子;那些平时不肯对主人说三道四的人,也将无所顾忌地批评那些得宠的人,故此也使主人的名誉遭受损害。然而,听从太多人的意见,则害处更大,因为这样会使主人变来变去,到头来还是听从了最后一个人的意见。

听从个别朋友的忠告,从来都是得体的。因为旁观者清过当局者,山在谷中才显出其高。传统上备受称颂的那种友谊,在现世是少得可怜的,平辈之间更是绝无仅有。友谊都是在身份有上下之分的人之间存在的,唯有他们的命运才是休戚与共的。

论托情人

许多坏事和勾当都是有人去做的，背地里托人情就是有损于公众利益的事。而许多好事却落在了坏人的手里。说到坏人，我不仅是指败坏的人，也包括狡猾的人在内，就是那种心口不一的人。

有些人答应了替人办事，却一点没有打算切实去做。但当他们一旦见到被托之事经其他渠道的疏通，有办成的希望时，他们会理直气壮地去收取托情人的谢礼，或者收取托情人的额外酬劳，或者至少趁事还未彻底办妥之前，对托情人所寄的希望加以利用。

有些人受人之托，只是为了借此趁机打击别人；或者以此为由来告发别人，否则他们本来是没有任何适当的借口来干这事的。而当这些诡计实现了之后，他们就对人家所托的事之成败漠不关心了；换句概括性的话说，他们是利用别人的托情来成全自己的心事。更有甚者，竟还有一些人答应替人办事，却故意要坏事，为的是以此来讨好其对立面或竞争对手。

当然，托情之事也在某种程度上牵涉一个权利问题，如为争讼而托人，受托人就得到了主持公道的权利；如为升迁而托人，受托人就得到了评价才干的权利;两者必居其一。受托人如担心因感情用事而在判决中偏袒有错的一方,就最好凭其影响力使双方和解,也不要受理此案,令其不至于对簿公堂。受托人如担心因感情用事而在升迁事上偏向不配的人,就最好不要为了这样做,而去诽谤、败坏那原本更配得上的人的名声,剥夺其资格。

对一些自己也吃不透的托情事,最好去请教一位可靠而见多识广的朋友,让他看看此事可否体面地去办。但选择请教的对象要小心谨慎,否则会陷入完全受人牵制的局面中。

托情人对办事拖拖拉拉和玩花招的作风是最深恶痛绝的。所以,老老实实地对待托情的事,不想办的话,开始就说明;想办的话,就实情相告具体进展;事成之后也绝不在应得的酬谢以外另有所求。这种作风发展至今,不仅已被人视为得体的,更被人视为感人的事了。

企图抢先把握重大商机而去托情,来得早是不起什么作用的。但托情人的信任,是应予以考虑的,也就是说,此事的内情,如无托情人的透露,是别无他途得知的,故不应白白占了托情人的信息的便宜;但托情人自己可寻求其他门路,以得到某种程度的补偿。

不了解托情的分量是无知的,如同不了解是非何在是无良知的一样。对托情的事予以保密是做成事的一个上策,因为事先就大声张扬,可让一些托情人死心;不过,也会让另一些托情人抓紧办事并保持醒觉的。但把握好托情的时机才是至关紧要的。这种时机不但要合乎你所希望关照你的人的时机,也要避开有可能反对此事的人。

选择托情的渠道时,选县官不如选现管;选总管不如选专管。如果当托情被回绝时,不要沮丧也不要气馁,从头再来时就会达到和初次托情一样的效果。当一个人有得到关照的资本时,那么,"取法其上,得乎其中",就是一条行之有效的规律。但若一个人没有得到关照的资本时,就最好在托情时,从小事到大事逐渐进行,因为,人不怕拒绝一个新来的托情人,却不一定会拒绝一个曾关照过的托情人,恐怕这样会失去昔日托情人的感戴,又使自己以前对托情的关照的好处也一笔勾销。

向一位大人物讨一封引荐书,被视为再简单不过的请求,不过,如果这封信名不正言不顺的话,则有失写信人的名声的。那些无论什么事都要替人张罗,大包大揽一切托情的事的人,是世上再坏不过的人,因为他们恰恰是妨害公务的毒素和污染物。

论学习

　　读书学习是为了获得享受、养成斯文及发展才干的。它所获得的享受,主要是表现在独处和索居时;所养成的斯文,主要是表现在谈吐上;所发展的才干,主要表现在办事的决断和处理上。因为,经验丰富的人固然能做事,也许还能洞察细枝末节,但在总体上的统领和运筹帷幄上的才干,则唯有出自于那些博学的人士。

　　学习上用时太多是磨洋工;学以致用时过于咬文嚼字是矫情;凡事都靠书本的教条便是书呆子钻牛角尖了。读书学习使天资完善,但学识本身又要靠实践去充实;因为就像自然植物需要修剪一样,人的天赋也是需要经过读书学习来发展的。而且,学习也要靠经验划定一个范围,否则就会漫无边际而流于空洞。

　　心计多的人鄙视读书,老实人向往读书,唯有精明人则在运用读书。读书本身是学不到应用之道的,相反,应用之道是在书本之外和书本之上的一种智慧,是靠体验而获得的。

　　读书既不能吹毛求疵,也不能轻信尽信,更不能为了猎取谈话资料而断章取义,而应了省察和思想。有些书应选读,有些书应粗读,少量的书应细读和精读。也即是说,有些书只要阅读其中一部分就行;有些书可以通读,但不必过于用心;少量书则应全读,且认真细致地读。有些书也可请人代读,再由人做出摘要来读即可,但此读法只限用于次要的和二流的书籍;否则,读摘要的书就和喝蒸馏的水一样索然无味。

读书使人充实,辩论使人敏思,写作使人严谨。因此,不常动笔的人,非得记忆力过人不可;不常与人交谈的人,非得有急中生智的能力不可;不常读书的人,就得小聪明绝顶,不懂时还能装懂。

史学使人明智,诗歌使人灵巧,数学使人精细,科学使人渊博,伦理学使人庄重,逻辑与修辞使人善辩。"读书陶冶个性。"不仅如此,心智上的任何障碍,无不可以通过方法得当的读书学习来消除的;这就像身体上的各种疾病都有相应的运动来调理似的。保龄球对膀胱和肾脏有益;射箭对胸腔和肺部有益;散步对肠胃有益;骑马对大脑有益等等。因此,心神涣散的人应研究一下数学,因为在数学的演算和求证之中,稍有走神的话,就得从头再做一遍。不善分辨异同的人应研究一下经院哲学家的著作,因为这一学派的学者是连头发都拆开来分析的人。不善于由表及里、也不善于触类旁通的人,应研究一下律师们的案例。这就是说,心智上的毛病都是各有其对症的特效疗方的。

论礼仪与客套

　　不拘礼仪的人非得品德过人不可,就像毋须衬托就镶用起来的宝石,其本身肯定就是光彩夺目的一样。但留意观察的人就可以看到,人得到表扬和称赞的情况,就像得到赢利和收益一样的。俗语说得好:"薄利多销可致富。"因为薄利易得,而暴利少有。与此同理,小事上的优点,的确常能赢得极大的称赞,因这些小事上的优点是持续发挥和人所有目共睹的;而表现任何伟大品德的机会则像过节一样,是偶尔才可遇到的。所以,讲究礼仪是对人的声誉大有益处的。并且,正如女王伊莎贝拉①所说的那样,称它"就像一封永不失效的引荐信一样"。

　　只要不小看礼仪的话,这种引荐信就差不多可以唾手可得了。因为当人有这样的态度,就自然会留心在别人身上观察这些东西,此外就是要对自己有信心才行。因为礼仪与客套应该表现得自然大方,刻意装腔作势反而是失态的。有些人待人接物好像一行字斟句酌的诗,但这种在鸡毛蒜皮的小事上费尽心机的人,何以胸怀广阔呢? 一个对人一点不讲礼仪与客套的人,别人也会这样对他,还会令人慢待。特别是在与生人和讲究礼仪的人打交道时,客套更是必不可少。但是客套过分了,还以其为至高无上的话,就不仅荒谬可笑,而且也使人家对客套的人的诚信有所怀疑了。当然,客套之中也有一种切实又令人印象深刻的表达方法,运用得当便会行之有奇效。

同辈之间本来就是亲热随便的,故不妨持重一点;下属面前肯定是可以得到尊敬的,故不妨随和一点。客套到了不分场合、令人腻味的人,就会使自己显得庸俗。使自己顺从别人并无坏处,但要表明这样做的动机是出于对人的尊重,而不是没有主见。一般来说,附和别人的话有个窍门,就是要加上一点自己的意见。具体来说,你若赞成他的主张,说法上就要有不同;你若肯认同他的提议,就要附上一点条件;你若接受他的论断,就要加上点别的理由。

需要注意的是,恭维不可太过分。否则,无论你在其他方面如何过硬,妒忌的人都会给你扣上善于巴结人的恶名,贬低你更为高尚的品德。做事时过多客套和谦让,或者观察时机上过于谨小慎微,都会贻误良机,蒙受损失。所罗门说过:"看风的必不撒种,望云的必不收割。"[2]聪明人是在挖掘机会而不是等待机会,人的举止应像其衣着服饰,不可太紧或过分拘泥,以便活动或行动上自如一些。

---

① 伊莎贝拉(Isabella, 1450—1494),西班牙统一前卡斯蒂及阿拉贡王国女王,曾资助哥伦布航海。
② 语出《旧约·传道书》第 11 章第 4 节。

论称赞

称赞是对美德所做的反映。但称赞的自身,也是和作出反映的镜子或物件一样的东西。平民百姓的称赞是靠不住的,也是空洞无用的;这种称赞与其说是拥戴品德高尚的人,不如说是拥戴贪图虚名的人。因为凡夫俗子是常常不知伟德为何物的。品德浅显的,令他们夸奖;品德居中的,令他们钦佩或仰慕;品德至为高尚的,却是他们根本就识别不了或理解不到的。唯有故作姿态和假冒的美德,才是最合乎他们的胃口的。其实,世人所传的名誉就像一条可令轻物漂浮其上,可令重物或实物沉没于其底的河流。但是,如果称赞是出于有识之士异口同声的认同的话,那这称赞就有如《圣经》所说的"美名胜似香膏"①,其香气四溢,弥漫空中,又不易消散。因香膏比花草能散发出更持久的芬芳。

虚情假意的恭维太多了,以至于有人对称赞有所怀疑是不无理由的。有些称赞纯粹是出于阿谀逢迎。这其中,没有什么水平的献媚者,只会说些谁戴都可以的高帽子的好话;老练的献媚者,用的是将心比心的方法,先找到人心中最自以为是之处,然后再对其大吹特吹;但是最厚颜无耻的献媚者,却会找到人心中感觉最不足和最难堪的地方,拼命说他在这些地方甚有长处,叫他把对自己的不足的自我感觉不要当作一回事。

有些称赞是出自善意和敬意的,这种称赞是对帝王将相、王公贵族应有的一种礼仪,即"以称赞为引导",就是在称赞某些人是如何如何的时候,实际就是对他们指出应该如何如何。

有些人受称赞其实是为人所陷害,因为这样可以挑起别人对他们的嫉妒。"最坏的仇敌就是说你们好话的仇敌",所以,希腊人有句谚语说:"笑里藏刀的吹捧者鼻子上要长疮,"就像我们在英语中说的"撒谎者舌头上起疮"一样。当然,适时适度、又不俗气的称赞是有益的。所罗门说:"清早起来就大声称赞朋友的人,即无异于在诅咒朋友。"②

对人对事吹过了头,必会招来反感,引起嫉妒和嘲弄。自吹自擂是不可能做到大方得体的,例外的情况十分罕见。但如果是在称赞自己的职分或职业,那么是可以做到很体面的,还可以显得很高尚。那些身为神学家、修道士以及经院哲学家的罗马红衣主教们,说起世俗事务便极鄙视和讥讽,他们把一切军事、外交、司法及其他行业的都叫做"管事的",既是指"州吏助理"的工作,好像所有这些都是由州吏助理和法庭办事员一类的人所办的事一样。说起来,州吏助理一类的人所作所为,常常比主教们高深的思辨还要更有益一些。圣保罗在自我肯定时,常常加上一句:"我说句愚妄话。"③但在提到他的职分时,他就说:"我要荣耀我的职分。"④

① 语出《旧约·传道书》第 7 章第 1 节旧版,现汉译为"名誉强如美好膏油"。

② 语出《旧约·箴言》第 27 章第 14 节旧版,现汉译为"清早起来,大声给朋友祝福的,就算是诅咒他"。犹太人看重识别人好心坏意的智慧。一早起来就祝福和称赞,肯定是别有用心。

③ 语出《新约·哥林多后书》第 11 章第 21 节。第 23 节又说"我说句狂话"。

④ 语出《新约·罗马书》第 11 章第 13 节旧版。现汉译:"我……所以敬重我的职分。"

论虚荣

伊索有则寓言描述得好："牛虻停落在战车的轮轴上说道，'看我把尘土扬得多高啊！'"同样地，世上也有一群自负的人，大凡遇到什么事有进展，不论这进展是自发的还是借助于更大的势力，只要他们沾上一点边，他们就觉得这些事情是完全靠他们推动的。

爱吹牛的人必定是爱拉帮结派的，因为凡是炫耀都是离不开比来比去的。这种人必定也是过激的，这样才能配合自己的夸口。他们是保不了密的，所以常常成事不足，败事有余。他们不过是应了一句法国谚语所说的那样："雷声大，雨点小。"

但毋庸置疑，这一爱吹的品性在国事上还是有其用途的。每当有需要为某事歌功颂德、树碑立传时，这些人便是难得的吹鼓手。再者，李维在谈安条克和埃托里亚人①之间结盟的故事时说："两边都瞒的谎言有时是有奇效的。"如果有人在两位君王之间游说，想串通他们联盟对第三者开战，就肯定得分别对两边都言过其实地夸大另一方的军事力量；而且，他这种私下里交涉来交涉去的人，还会两面夸大自己在另一方的影响力，结果上也常常加深了双方对他自己的信任。所以，在诸如此类的故事中，往往可见到无中生有的结果;原因是,谎言足以形成信念,信念便会产生力量。

虚荣心对军队将士是不可或缺的。正如剑与剑可互相磨砺一样,虚荣心可使将士互相激励勇气。在那些有代价和冒险的伟大创举中,吸收一些好大喜功的人,可使事业有声有色一些;那些天性老实厚重的人,作用上更像是压舱物,而不是风帆。至于做学问的名望,若是没有炫耀的羽毛在飞翔的话,它也是难以名扬天下的。"写《漠视名望》一类著作的人并不反对把自己的大名印在扉页上。②"

苏格拉底、亚里士多德、盖伦③等,也都是爱显山露水的。毋庸置疑,是虚荣心促成了人的流芳百世。结果,当美德得到了间接的报偿时,那也是不得不归功于人性的作用的。就连西塞罗、塞内加和小普林尼④的名望,若无他们自己的涂脂抹粉的话,也不会久传不衰的。这种涂脂抹粉和装饰木板上的那层油漆的功用是一回事,那油漆使饰板不但耀眼,而且耐久。

但是,谈了这么多关于"虚荣"的事,我都还未涉及到塔西佗评论穆森纳斯的那种特性,那是说"他有一种使他的所有言行都显得出色得多的表现能力"。这种特性并非出自虚荣心,而是出自天生的胆识,并且,这种特性在有些人身上不仅是得体的,而且是高尚的。因为,如运用得法的话,宽厚、忍让和谦虚本身都会变成显示之技巧的。在这些技巧中,最突出的是小普林尼所谈论的那一种,即如果别人有与你自己的长处相似的可取之处的话,就应该慷慨地予以称赞。他说得很精彩:"称赞人是为自己好,因为你称赞的人不是比你出色,就是比你逊色。如果他比你逊色,还值得称赞,你就更值得称赞了;如果他比你出色,却不值得称赞,你就更不值得称赞了。"

　　大吹大擂的人,对有识之士来说,乃是嘲笑的对象;对愚昧之徒来说,乃是仰慕的对象;对溜须拍马之徒来说,乃是奉承的偶像;而对大吹大擂者自己来说,则是其海口的奴隶。

① 安条克(Antiochus),指公元前 2 世纪叙利亚王安条克三世,埃托里亚人(the Aetolians)即希腊名邦埃托里亚的居民;双方经第三者成功游说结成联盟,遂击败来犯的罗马军队。
② 语出西塞罗语录。
③ 盖伦(Galen),2 世纪名医学家。
④ 小普林尼(Pliny the Younger,61—114),名作家。

论荣誉与名望

赢得荣耀不过是把个人的美德和价值毫无瑕疵地显示出来。有些人的所作所为极心竭力追逐功名,结果公众对其还多半是嘴上谈论得多,心里敬重得少。另有些人则与之相反:他们在展示其美德时老是遮遮掩掩的,因此公众对他们的评价是低估了的。

对一项以前从未有人尝试过,或者是尝试过而未成功,或者成功了却未完满的事业,若有人能成就的话,那他由此而得的荣耀,就比仅仅因学效前人而做了更艰难、更高尚的事所得的荣耀,还要更大更多。若他再要注意自己的行事为人,使其中一些做法令各派、各群体人士感到满意的话,那么,对他的赞歌就更动听了。当有人不善于维护自己的名望,凡事来者不拒,他在失败的事上所遭受的名望的损失,就会大大超过其在成功的事上所取得的名望。超越他人而获得的那种荣耀是最显眼的,就如同琢磨过后的钻石一样。有鉴于此,人应该在名望上力争战胜其竞争对手;做得到的话,最好就用对手自己的弓射得比对手还远。言行谨慎的随从与仆人,是甚有益于名望的。"一个人的所有名望都是出自其家人的。"

荣耀是怕受嫉妒心侵害的。消除被人嫉妒的最有效方法是，表明自己是在追求事业的成功，而不是个人的名望；并把自己的成就归功于上帝和幸运，而不是归因于个人自己的品德或才智。

对君王之荣耀而言，其合理的层次排列如下：第一层次是那些开国立邦之君，如罗穆卢斯、居鲁士、凯撒、奥斯曼一世和伊思迈一世①等等。第二层次是那些创立法典之君，也称"亚开国者"或万代之君，因为他们所创立的法典在他们死后，照样治理国家，如莱克格斯、梭伦、查士丁尼一世、埃德加以及立《七部法》的明君阿方索九世②等等。第三层次的就是那些国家的"解难之君"或救国之君，他们结束了内战造成的长期困苦，或者把国家从外族或暴君的奴役下拯救出来，如奥古斯都大帝、韦斯巴芗、奥勒列纳斯、狄奥朵里克③、英王亨利七世以及法王亨利四世等等。第四层次的，就是"扩疆之君"或"卫国之君"，他们借辉煌之征战扩张国土，或者以崇高的自卫战争抵御了侵略者的来犯。最后一个层次，应数那些所谓"他们的国父们"了，即那些治国有道，使他们当政的时代成了太平盛世的君王。这后两种不需要罗列例证了，这样的君王多得是。

臣民的荣耀应分层次如下：第一是"同心者"，就是那些能为君王分担重任的人，或我们所谓的"他们的左膀右臂"。其次就是军事将领，即伟大的统帅，代君王出征，并屡建光荣战功的将军们。其三就是"宠信之臣"，如那些持守本分，上能慰君王之心，下能不乱民的亲信。其四就是那些"称职之臣"，就是在君王之下身居高位，又能尽守本职的大臣。与此相同，还有一种荣誉是十分罕见的，可算是位居最高层次的荣誉之中，就是甘愿为国舍身就义或赴汤蹈火的忠烈,如雷古卢斯和德西乌斯父子④。

---

① 居鲁士(Cyrus),公元前6世纪创建波斯帝国。奥斯曼一世(Ottoman),13世纪奥斯
　曼帝国之创始人。伊思迈一世(Ismael),16世纪伊朗萨非王朝创始人。
② 莱克格斯(Lycurgus),公元前8世纪斯巴达之创始人;查士丁尼一世(Justinian,
　527—565),东罗马皇帝;埃德加(Eadgar),10世纪英国贤君;阿方索九世(Alphon-
　sus Ⅸ,1158—1214),西班牙统一前的卡斯蒂国王。
③ 奥勒列纳斯(Aurelianus),公元270—275年间罗马皇帝;狄奥朵里克(Theodoricus),
　5世纪统一意大利的英雄。
④ 雷古卢斯(Regulus),公元前3世纪古罗马将军,在与迦太基战争中被俘,敌方为求
　和要求其同行,商定议和不成则押返为囚。雷氏返国,力促续战,继而甘愿继续做
　敌方囚,后被杀。德西乌斯父子(Decius),公元前3世纪古罗马英雄,父为报国战死
　疆场后,子遂前仆后继,亦舍身为国。

论司法

　　法官们应牢记,其职责是司法,而不是立法;是解释法律,而不是制定法律或修订法律。否则,法官的权利就会像罗马教会声称拥有的那种权利一样的了。罗马教会在注释《圣经》的幌子下,偏离《圣经》并对其擅加添改,又去宣判他们裁决不了的事;假借传统之名,行标新立异之实。

　　对法官们来说,与其说是应该机智,不如说是应该博学;与其说是应该可亲,不如说是应该可敬;与其说是应该自信,不如说是应该审慎。最重要的是,正直才是法官们的本分和应有的品德。律法上说:"挪动界碑者是要受诅咒的。"①把界碑乱搬的人是应受责罚的,但恰恰是那不公正的法官,在对于田产和地产误判的情况下,才是挪动地界的主犯。一个错误的判决比多个错误的行为为害更甚,因为错误的行为不过是把水流弄脏了,而错误的判决则是把水源给污染了。因此,所罗门说:"义人在恶人面前败诉好像趟浑之泉,弄浊之井。"②法官们的工作将会影响到诉讼的双方及其律师,其属下的书记员和办事员,还有其上面的君王和国家。

　　第一,谈谈诉讼的双方。《圣经》上说"有人把审判变为苦艾"，③其实，还有人把审判变为酸醋；因为，有失公平使审判变苦，而拖拖拉拉使审判变酸。法官的主要职责是惩治恶行与诈骗：其中，恶行越是明目张胆就越是狠毒，而诈骗则越是阴暗诡秘就越是险恶。这里附带说一下，那种以打官司为嗜好的人的案件，乃是妨碍法庭公务的，应该拒不受理。

为了做公正的判决，法官应当铺好自己的道路，就像上帝通过"填平山洼和削平山岗"的方法来预备他自己的路一样④。所以，当双方中有一方表露出骄横、枉法、耍赖、串通、攀援附势及买通善辩的律师的情形时，若法官能摆平了不公平的控辩双方，使他自己在公平的基础上作出判决，才得以显出其德才。"扭鼻子必出血"，⑤而榨葡萄用力过头的话，则酿出的酒必是有葡萄核的味。法官一定要小心，不可强词夺理，因为对法律的曲解乃是世上最可怕的曲解。特别是在刑事案件中，法官更要小心，别让本意着重警戒的法律变为施虐的酷刑，也不要在民众中铺撒《圣经》所说的"他要向恶人密布网罗"⑥的那种网。因为刑法过于严厉，即是在人民身上撒下罗网之物。所以对刑法中长期不用或当前已不再适用的条款，贤明的法官就当限制其援用：

"审理案件不仅要审其事实，还要对之审其时势，这才是法官的职责。"⑦

在人命案中，法官应在法律允许的范围内，量刑时胸怀慈悲心；看事的眼光应该严厉，看人的眼光应该悲怜。

第二，谈谈控方和辩方的律师。耐心而郑重的听讯是审判的一个基本部分。多嘴多舌的法官则像是一件连音都未调过的钱一样。对法官来说,如果时机未到,就急不可待地询问本该由律师自己后来主动陈述的事;或者把证人或律师的陈述过早打断,以显示自己的明察;或者用询问的方法(尽管是用与案件相关的询问)诱供案情;这都是失态。法官在审讯中的职分有四项:督导举证;控制冗长、重复及无关的陈述;总结、甄选并复核已作陈述的要点;作出裁决或判决。超出这些职分的任何行为都是过分的,其产生的原因不外是炫耀、好说,或者无心听讯,或者记忆力不够;或者欠缺稳重而公正的注意力。

看上去令人费解的是,法官常被律师的敢想敢说所摆弄,他们坐在上帝的审判席上,本来应当效法上帝的,因上帝是"阻挡骄傲的人,赐恩给谦卑的人"。⑧但是令人更为奇怪的是,法官居然宠信一些有名的律师。这只会抬高这些律师的收费,还会引起人家对法院也有后门的疑心。当审讯进行顺利,答辩也得当的时候,法官有责任对律师表示欣赏和称赞,尤其是对败诉的一方,以维护该律师在委托人心中的信誉;而且可挫一下他对自己案子的自信的锐气。与此相应的,当律师油嘴滑舌、丢三落四、举证勉强,又咄咄逼人或强词夺理时,则法官有责任为公众对该律师以一种合情合理的斥责。律师不可与法官争吵,也不可在法官宣判之后把自己纠缠在翻案的事中。但在另一方面,法官不可仓促折衷结案,也不可授当事人个人口实,说他的陈述或证据都未得到上呈。

第三,关于法庭办事员和书记员方面。法庭所在地是一处神圣的地方。因此,不只是审判席,就连站立的台,听讯的围栏和座位,都应受保护免于贪赃舞弊的丑事。因为,的确如《圣经》上所说的那样:"荆棘上岂能摘葡萄呢?"⑨在那些贪污受贿的办事员和书记员的荆棘丛中,法庭是不能结出甘甜的果实的。法庭的工作人员易受四种不良因素的影响:第一类是那些挑逗官司的诉讼,他们使法庭收入增加,却使国家因此而贫乏。第二类是那些老是让法院卷入权限之争的人,他们并非是"法院之友"而是"法院之虫";他们鼓吹扩大法院的权限,为的只是自己的蝇头小利和好处。第三类就是可称为"法院的左手"的那些人⑩,他们刁钻滑头,诡计多端,还能阻挠法庭的正常秩序,把审判引入歧途和迷宫之中。第四类就是那些敲诈钱财的人,其所作所为验证了普通人比喻法院为灌木丛的正确。因为羊到此林中避风雨时,总是免不了要在那儿留下羊毛。另一方面,一位资深的老办事员,熟悉律例,处事谨慎,精通法庭之事务者,是法庭的一位得力助手,并且还常会给法官本人出些点子的。

第四,关于与君王和国家的关系方面。法官们要切记罗马十二铜表法的结论:"民众的福祉为至高王法。"法官们还要知道,法律若不以民众福祉为目的,则不过是一种卡人脖子的东西,是不带灵感的谶语。因此,若君王和当政者常与法官商洽,同时,法官常与君王和当政者商洽,则实为一件好事:因遇到法律有碍于国家政务时,要靠前者的渠道疏通;遇到国家政务有碍于法律时,要靠后者的渠道疏通。因为,引起官司的事件也许往往只是财产所有权的问题,但其起因和结果却会涉及国家大事。说它涉及国是,不仅是指它涉及王权之事,也涉及可能造成变革或危难的先例,或者是和大部分民众明显相关的问题。这样,千万不可胡思乱想,以为公正的法律与合适的国策之间会有什么抵触。它们两个就像是精神与肉体是协调一致的一样。

法官们还应记住所罗门王的宝座两旁都有狮子的拥护的。

因此，法官们应该成为王座下的狮子，即要小心谨慎，不可在任何一方面约束或妨碍王权。法官对自己的正当权力不能有半点含糊，其主要职责包括如下这一项：即贤明地运用和执行法律。他们不妨牢记一下使徒保罗谈到他们的律法时所说的："我们知道律法原是好的，只要人用得合宜。"⑪ 他认为这才是比他们律法更高的一种律法。

① 语出《旧约·申命记》第27章第17节旧版，现译为"挪移邻舍地界的，必受咒诅"。
② 语出《旧约·箴言》第25章第26节旧版，现汉译为："义人在恶人面前退缩，好像趟浑之泉，弄浊之井。"
③ 语出《旧约·阿摩司书》第5章第7节旧版，现汉译为："你们这使公平变为苦艾，将公义丢弃于地的……"
④ 语出《旧约·以赛亚书》第40章第3—4节，"有人喊着说，'在旷野预备耶和华的路，……一切山洼都要填满，大小山岗都要削平。高高低低的要改为平坦，崎崎岖岖的必成为平原。'"先知在此书中预言的是至高无上的公义的实现。
⑤ 语出《旧约·箴言》第30章第33节版。
⑥ 语出《旧约·诗篇》第11篇第6节版。
⑦ 语出奥维德作品。
⑧ 语出《新约·彼得前书》第5章第5节。
⑨ 语出《新约·马太福音》第7章第16节。
⑩ 象征法律公平的正义女神像，即是眼上蒙罩，右手持剑，左手持天平。故此处比喻影响司法公正的人。
⑪ 语出《新约·提摩太前书》第1章第8节。此处之"律法"指犹太人的律法。但假教师曲解律法，称在行为上遵守律法便可以得救，违背了上帝赐律法的原意。因为耶稣强调："那律法上更重的事，就是公义、怜悯、信实……"（《新约·马太福音》第23章第23节）事实上，上帝应许为其子民另立新约："日子将到……我要将我的律法放在他们里面，写在他们心上。"（《旧约·耶利米书》第31章第31—33节）因此，耶稣自己又说过："莫想我来要废掉律法和先知；我来不是要废掉，乃是要成全。"（《新约·马太福音》第5章第17节）另见本书《论逆境》篇注③关于新、旧约的注解。

论怒气

　　要彻底杜绝怒气的企图,只有斯多葛派的学究们才敢想敢吹。我们有一句来自上帝的启示要切实得多:"生气却不要犯罪,不可含怒到日落。"①务须使怒气在程度上和时间上两方面都受到限制和控制。我们有三点要讨论的:第一,如何调节和克制发怒的天性和习惯;第二,如何约束发怒的行为;第三,如何使别人动怒或息怒。

　　就第一点而言,惟一可行的方法,就是针对发怒的结果及其对正常生活的破坏,做出认真的反思和省察;其最佳的时机,是在怒气完全平息之后。塞内加说得好:"怒气活像坍塌的建筑,倒在地上把自己摔得七零八落。"《圣经》教导我们"要常存忍耐,就必保全灵魂"。②无论是谁,失去了忍耐的话,就会丢掉了灵魂。人决不可学做蜜蜂:

　　　　"在蜇人的伤口上牺牲掉他们自己的性命。"

　　怒气的确是一种卑劣的性情,因为老弱病残和妇幼最易受其摆布;而它又偏偏常常出现在这些人处于脆弱的时候。但是,万一免不了要生气时,千万别夹杂上焦躁,而宁肯带点嘲弄的味,这样可显得自己不会被伤害。这一点做起来不难,只要把上述之方法当作行动准则即可。

关于第二点,动怒主要有三个原因和动机。首先,就是对外来的伤害过于敏感,发火的人无不认为自己是受到伤害的。因此,脆弱和敏感的人一定是常常生气的。有很多在心理强壮一些的人看来无所谓的事情,也总会使他们受到刺激。再者,当人把所感受到的伤害,想象成饱含羞辱的内容时,就更是怒不可遏了。因为,羞辱是会令怒气火上加油的,说不定要比伤害本身还厉害。所以当人对羞辱的情形过敏的时候,肯定是会动不动就发火的。最后,损害一个人面子的坏话,也确实令人怒上加怒。对此情况的补救方法,正是贡萨洛③当年常说的那样,人应当建立一种"用更粗的绳索编织的名誉保护网"。但在所有的止怒诀窍中,最好的方法则是为自己争取时间,要使自己相信,报复的时机还未来到,但它却已在视野范围内了。这样,他就可以安静守候时机的成熟,而不至当场发作。

发了火却不想让它闯祸的话,就得对两件事情格外小心。一是说气话不可过于尖酸刻薄,刺耳和指名道姓的言语都更是大忌。随便骂一下是无伤大雅的。而且,怒骂之中,也不要兜了人家的老底,因为,那样做是大家接受不了的。另一点是,不可在气头上,把自己手上的事情撇下不管,怎样表示愤懑都好,无论如何都不要做出任何挽回不了的事来。

至于使别人动怒或息怒这一方面,做法上主要在于把握时机,要激恼人,就选其最急躁和心情最差的时候。此外,再加上上述方法,把你所能翻出来的事都集中起来,加重对其的羞辱。

相反地,息怒有这样两个方法。第一,当向人提及某种可令其生气的事时,一定要挑其心情好的时候才开口,因为第一印象是十分重要的;第二,就是要尽可能地让人觉得其所受的伤害中没有羞辱的成分,并把这种伤害归咎于误会、慌张、激动或其他任何你愿意去推托的原因上。

---

① 语出《新约·以弗所书》第 4 章第 26 节。
② 语出《新约·路加福音》第 21 章第 19 节。
③ 贡萨洛(Gonzalo, 1453—1515),西班牙著名将军。

图书在版编目(CIP)数据

培根论人生/(英)培根(Bacon, F.)著;张毅译.
—上海:上海人民出版社,2011
(名家论人生)
ISBN 978 - 7 - 208 - 09878 - 7

Ⅰ.①培… Ⅱ.①培… ②张… Ⅲ.①培根,
F.(1561～1626)-人生哲学-哲学思想 Ⅳ.①B561.21

中国版本图书馆 CIP 数据核字(2011)第 039820 号

 出品

出 品 人　邵　敏
责任编辑　邵　敏　张　莉
助理编辑　蔡艳菲
封面装帧　范乐春

　　本书根据英国"万人丛书"版的 Essays(by Francis Bacon and
edited by Michael J. Hawkins) EVERYMAN 1994 年版并参照英
国牛津大学版 Francis Bacon：The Essays，or Counsels Civil and
Moral，edited by Brian Vickers，Oxford Press 1999 年版翻译。

培根论人生

(英)培　根 著

张　毅 译

世纪出版集团
上海人 & 大 版 社出版
(200001　上海福建中路 193 号　www.ewen.cc)
世纪出版集团发行中心发行
上海商务联西印刷有限公司印刷
开本 890×1240　1/32　印张 5.5　插页 2　字数 115,000
2011 年 5 月第 1 版　2012 年 1 月第 2 次印刷
ISBN 978 - 7 - 208 - 09878 - 7/B・865
定价 25.00 元